Conversational French Dialogues

Central Park Language Learning

CONTENTS

1. Cinéma 4
2. Vacances 16
3. Séries télévisées et documentaires 29
4. Sport 41
5. Présentations 54
6. Au zoo 67
7. Étudiant Erasmus 80
8. Amitié 92
9. Étude et origines 104
10. Fête surprise 115
11. Tournoi 124
12. Week-end 137
13. Musique 152
14. Chez Albert 161
15. Shopping 177

Bienvenue!

Welcome to Conversational French. French Dialogues for Beginners.

This book includes fifteen dialogues written in French, perfect for students who have just begun to learn French. At the end of each story you will find a wordlist in order to memorise the most important words and an English translation as well.

MP3 DOWNLOAD
https://acortar.link/nCTav

1. Cinéma

Paul : Bonjour Andrea !

Andrea : Bonjour Paul ! Comment vas-tu ? Ça fait longtemps !

P : Bonjour, mon ami. Quoi de neuf ?

A : Oh, rien de particulier. La même vie. Et toi, comment vas-tu ?

P : Je vais bien. Je suis très occupé au travail, toujours pressé, mais tout va bien.

A : Bien, je suis heureux de l'entendre. Il faut qu'on se voit ! Cela fait si longtemps. Je ne me souviens même pas de la dernière fois où on s'est rencontrés.

P : Si je ne me trompe pas, la dernière fois, c'était chez Michaela, quand elle nous a invités à dîner.

A : C'est vrai, je m'en souviens maintenant. Ça fait des semaines ! Nous devons fixer un jour le plus tôt possible.

P : Je t'ai appelé pour ça. Écoute, es-tu libre ce soir ? Tu veux qu'on passe la soirée ensemble?

A : Bien sûr, évidemment ! Je suis libre ce soir. De toute façon, je suis toujours libre pour passer une soirée avec toi. C'est tellement agréable de passer du temps avec des amis. Qu'est-ce que tu aimerais faire ? Tu as une idée ?

P : Je voudrais aller au cinéma, mais si tu ne veux pas, on peut faire autre chose. Qu'est-ce que tu préfères ? Dîner dehors ou prendre un verre après le dîner ?

A : En fait, je préfère le cinéma. J'ai réalisé que le dernier film de Pedro Almodovar est sorti, j'aimerais bien le voir.

P : J'y pensais aussi. Les gens disent que c'est un bon film et je suis curieux de savoir s'il est vraiment bien ou pas.

A : Que disent-ils à son sujet ? Est-ce que ça en vaut la peine ?

P : Oui, je pense que oui. Tu sais, mon amie Fran m'a dit que le film est très intéressant, qu'il est bien fait et que les acteurs qui interprètent les personnages principaux sont exceptionnels.

A : Ça a l'air bien, qu'est-ce qu'on attend ? Allons le voir, j'ai hâte !

P : A quelle heure es-tu libre ce soir ? Je finirai le travail à 20h30.

A : Comme je le disais, je ne travaille que le matin aujourd'hui. J'ai demandé une journée de libre parce que j'ai un rendez-vous médical. À quelle heure es-tu libre ? À quelle heure peut-on se retrouver ?

P : Allons voir le film après 9 heures, c'est mieux. J'arriverai du travail.

A : D'accord, alors regarde l'horaire et tiens-moi au courant. Tu décides, ça ne me pose pas de problème.

P : Tu peux attendre ? Attend-s'il te plaît, je vais regarder l'horaire sur le site du cinéma. Il est toujours mis à jour.

A : Bien sûr, j'attends.

P : D'accord, je vais vérifier. Voyons voir, je l'ai trouvé. Sur le site, il est écrit qu'il y a deux séances ce soir. Une à 19h30, mais c'est trop tôt pour nous, nous n'y serons pas. L'autre est à 21h30, donc on va pouvoir y assister.

A : D'accord. Si tu as le temps, tu peux acheter les billets ? Je suis déjà au bureau, peut-être serait-il mieux d'acheter les billets maintenant, pour éviter qu'il n'y en ait plus.

P : Non, je ne peux pas maintenant. Mais, ne t'inquiète pas. Quand j'aurai fini de travailler, on ira ensemble et on les achètera au guichet. De toute façon, on est mardi, je suis sûr qu'il n'y aura pas tant de monde.

A : Tu as raison. Si tu veux, je peux venir te chercher à 8h30 quand tu auras fini de travailler. Nous pourrons donc y aller ensemble.

P : Super ! Si tu viens me chercher, nous y serons vers 21 h.

A : D'accord, à plus tard.

P : À plus tard, Andrea, bonne journée.

A : Merci, toi aussi. À ce soir.

Plus tard au guichet

A : Bonsoir, nous aimerions acheter deux billets pour ce soir, pour "Identité".

Employé de la billetterie : Bien sûr, il y a deux places disponibles au deuxième rang, ou deux places derrière mais sur le côté. Avez-vous des préférences ? Quels sièges préférez-vous ?

P : Je préfère les sièges du milieu mais la deuxième rangée est trop proche de l'écran. Qu'en penses-tu ?

A : Je pense que c'est mieux derrière. C'est vrai que ce ne sont pas les meilleurs sièges, mais au moins nous ne sommes pas tout à fait au fond. Je suis sûr qu'on verra bien l'écran et que le son sera bon aussi.

Employé : Ok. Cela fera 15 euros.

P : Ok. Voici.

Employé : Merci beaucoup.

A : Qu'est-ce que tu en penses ? On attend dehors ?

P : Oui, allons dehors.

A : Tu sais Paul, nous avons encore du temps avant que le film ne commence. Tu veux manger quelque chose rapidement ?

P : Bien sûr, j'ai très faim. Je sais qu'il y a une pizzeria à proximité, leur pizza est très bonne et ils font de très bons sandwichs.

A : OK, on peut aller manger quelque chose. On a encore 45 minutes.

P : Moi aussi, je suis affamé. Allons-y !

Cinema

Paul: Hello Andres?

Andres: Hello Paul! How are you? It's been a long time!

P: Hello my friend. What's up?

A: Actually, nothing in particular. Same life. And, how are you?

P: I'm fine. I'm very busy at work, always in a rush, but everything is just fine.

A: Good, I'm happy to hear that. We have to meet! It's been such a long time. I don't even remember the last time we met.

P: If I'm not wrong, last time was at Michaela's house, when she invited us for dinner.

A: Right, now I remember. It's been weeks! We have to set a day as soon as possible.

P: I have called you for this. Listen, are you free this evening? Would you like to spend the evening together?

A: Of course, it's obvious! I'm free this evening. No matter what, I'm always free to spend an evening with you. It's so good to spend time with friends. What would you like to do? Do you have an idea?

P: I would like to go to the cinema, but if you don't, we can do something else. What would you prefer? Have dinner out or have a drink after dinner?

A: Actually, I would prefer the cinema. I have realized that the last movie by Pedro Almodovar has been released; I would like to watch it.

P: I was thinking about it too. People are saying that it is a good movie and I'm curious to find out if it is really good or not.

A: What did they say about it? Is it worth it?

P: Yes, I think so. You know, my friend Francesco told me that the movie is very interesting, it is well done and the actors interpreting the main characters are exceptional.

A: Sounds good, what are we waiting for? Let's go watch it, I can't wait!

P: What time are you free this evening? I'll finish working at eight thirty.

A: As I was saying, I just work in the morning today. I have asked for a free evening because I have a medical appointment. What time is okay for you? What time should we meet?

P: Let's look for a movie after 9, it's better. I'll come from work.

A: Okay, so look at the film times and let me know. You decide, I have no problem.

P: Can you hold on? Hold please, I'll look for the times on the website of the cinema. It's always updated.

A: Sure, I'll wait.

P: Okay, let me check it. Let's see, I found it. On the website it's written that there are two shows this evening. One at seven thirty, but it is too early for us, we won't make it. The other one is at nine thirty, so we'll make it.

A: Okay. If you are not busy can you buy the tickets? I am at the office already, maybe it would be better to buy the tickets now, to avoid that they run out of them.

P: No, I can't right now. I can go buy them when I finish at the doctor's office.

A: Do not worry. When I finish working, we'll go together and we'll buy them at the box office.

P: Andres, don't worry about it, today is Tuesday, I'm sure there won't be so many people.

A: You are right. If you want, I can pick you up at eight thirty when you finish working. So we can go there together.

P: Great! If you'll pick me up we will be there at twenty to nine.

A: Okay, see you later.

P: See you later, Andres, have a good day.

A: Thank you, you too. See you this evening.

Later at the box office

A: Good evening, we would like to buy two tickets for tonight, for "The Great Beauty".

Box office employee: Sure. There are two available seats on the second row, or two behind but on the side. Do you have any preferences? Which seats do you prefer?

P: I prefer the seats in the middle, but the first row is too close to the screen. What do you think?

A: I think it's better behind. It's true they are not the best seats but at least we are not at the very end. I'm sure we'll see the screen just fine and the audio will be good too.

P: Okay, we'll take two tickets on the side of the central row.

Employee: Okay Mr. Thank you. 15 euros.

P: Okay. We'll buy them.

Employee: Thank you very much.

A: What do you think? Do we wait outside?

P: Yes, let's go outside.

A: You know Paul, we still have time before the movie begins. Do you want to eat something quick?

P: Sure, I'm really hungry. I know there is a pizzeria nearby, their pizza is really good and they make really good sandwiches.

A: Sure, we can eat something. We still have 45 minutes.

P: I'm starving too. Let's go!

Vocabulary

Quoi de neuf ? = What's up?

Rien = Nothing

Occupé = Busy

Se rappeler = Remember

Faux = Wrong

Dîner = Dinner

Soirée = Evening

Après = After

Bien = Good

Film = Movie

Intéressant = Interesting

Je peux = I can

Je ne peux pas = I can't

Matin = Morning

Aujourd'hui = Today

Autre = Other

Fini = Finish

Ramasser = Pick up

Ensemble = Together

Guichet = Box office

Derrière = Behind

Employé(e) = Employee

Merci beaucoup = Thank you very much

Avant = Before

Quelque chose = Something

Billet = Ticket

Au milieu = In the middle

Rangée = Row

Plus tard = Later

Ne pas s'inquiéter = Don´t worry

Horaires = Timetable

2. Vacances

Milan, printemps 2019.

Tiziana : Bonjour Elena ! Comment vas-tu ?

Elena : Bonjour Tiziana. Je vais bien, merci !

T : Super ! Il est enfin temps d'organiser nos vacances d'été.

E : Oui... Je pense que je vais tout organiser la semaine prochaine. As-tu déjà une idée de ce que tu aimerais faire ?

T : En fait, je ne sais pas trop. Mes filles aimeraient aller à la plage, mon mari au lac et j'aimerais aller dans un endroit que je peux explorer à vélo.

E : Eh bien, il est très probable que tu trouveras des sentiers au lac où tu pourras faire du sport.

T : C'est vrai, tu as probablement raison. Je suis un peu incertaine, je me sentirais mal si je ne rendais pas mes filles heureuses. Elles n'aiment que la plage.

E : Ce n'est pas impossible. Tu peux trouver un compromis. C'est-à-dire que tu peux décider d'aller à la plage pendant quelques jours et ensuite passer le week-end au lac !

T : Excellente idée, je peux leur proposer ce soir au dîner !

E : Quel est le lac que ton mari veut voir ?

T : Nous avons déjà visité les principaux lacs du Nord de l'Italie, les seuls que nous n'avons pas encore visités sont le lac de Ledro et le lac d'Idro. Ils sont à quelques kilomètres du lac de Garde.

E : Je suis allé au lac de Ledro ! C'est un endroit très agréable. C'est dans les collines et, à certains endroits, l'eau est vraiment propre. Je suis sûre que tu trouveras des pistes cyclables à côté des zones piétonnes ! La seule chose que je n'ai pas aimée, c'est qu'il n'y a pas toujours de soleil. Le temps est vraiment variable : une seconde il fait vraiment beau et la seconde suivante il y a beaucoup de nuages. Mais, à part cela, j'ai tout apprécié : la ville est petite, chaque samedi il y a un marché et, si on s'éloigne de quelques kilomètres, on trouve d'excellents restaurants.

T : Tu me convaincs Elena, merci pour cette information.

E : Et tu sais déjà où tu veux aller à la plage ?

T : En fait non, en Italie il y a tellement d'endroits où nous pouvons passer des vacances à la plage et, en même temps, si on prend l'avion, en moins de deux heures on est aux Baléares et on pourrait aller à Majorque qui est la seule île que nous n'avons pas encore visitée.

E : Mais si tu te décides pour des vacances doubles, il est plus pratique de voyager en voiture et de trouver un endroit qui soit proche du lac.

T : En fait, le lac et la plage sont éloignés même en voiture, il faut au moins quatre ou cinq heures pour se rendre en Ligurie, mais nous l'avons déjà visitée en 2015.

E : En fait, tu as raison, il est peut-être plus rapide d'aller à l'aéroport et de prendre un vol pour Majorque.

T : Si ma famille est d'accord, nous pourrions faire ça. Merci beaucoup pour l'information, ce soir, je vais en parler avec eux et je te ferai savoir ce que nous avons décidé ! Et toi, tu as une idée pour ton prochain voyage Elena ?

E : Habituellement, en été, j'aime visiter des villes, en particulier les villes d'Europe du Nord et, en hiver, quand il fait vraiment froid là où nous vivons, j'aime aller à la plage sur la partie opposée de là où nous sommes : les Maldives, Cuba, l'Indonésie.

T : Je suis tellement jalouse ! Alors, sais-tu déjà quelle ville tu vas visiter l'été prochain ?

E : Je n'en suis pas encore sûre... J'aimerais retourner aux Pays-Bas et de là, au Danemark. Mais en même temps, j'aimerais visiter toute l'Écosse. Je devrais aller dans une agence de voyage et voir ce qui me convient le mieux.

T : Je pensais aussi visiter l'Écosse pendant les vacances de Noël, mais j'ai décidé de ne pas aller dans un endroit plus froid que l'Italie. C'est certain, c'est sur la liste de mes futurs voyages !

E : Alors Tiziana, on se voit en semaine pour prendre un café si tu veux ! Nous parlerons des prochaines vacances.

T : Bien sûr Elena, à bientôt !

Une semaine plus tard

E : Bonjour Tiziana, comment vas-tu ?

T : Bonjour Elena. Tout va bien ! Nous avons enfin décidé où aller pour les prochaines vacances !

E : Excellent ! Alors, qu'avez-vous finalement décidé ?

T : Le programme est le suivant : nous partirons samedi avec notre voiture et nous irons au lac de Ledro à 11h. Nous y resterons dans un hôtel trois étoiles jusqu'à mercredi matin. Après le petit déjeuner, nous partirons pour l'aéroport de Milan. À 15 heures, nous prendrons l'avion pour Majorque et nous y resterons jusqu'au lundi suivant.

E : C'est un programme formidable ! Vous serez tous contents ! Vous pourrez faire un peu d'exercice au lac et vous détendre à la plage.

T : C'est vrai Elena. Mon mari est heureux, mes filles sont heureuses et je suis heureuse aussi parce que je peux satisfaire les passions et les préférences de chacun d'entre nous !

E : As-tu déjà vérifié les pistes que tu peux faire avec ton vélo au lac ?

T : Oui. Pour l'instant, j'ai des informations sur les pistes autour du lac ; je vais chercher des pistes cyclables le long de la côte. J'aimerais aussi trouver quelques pistes sur la colline.

E : Et pour Majorque ? As-tu obtenu des informations sur ce que tu veux visiter ?

T : Pas du tout. Je sais qu'il y a beaucoup de criques sur l'île, et je sais qu'ils proposent des visites guidées sur le bateau ! Je vais organiser les meilleures vacances avec mes filles et je vais choisir les meilleures plages. Et toi, Elena ? Tu es allée à l'agence pour savoir quelles étaient les vacances les plus pratiques ?

E : Oui, j'y suis allée jeudi dernier. Le coût des deux voyages est presque le même, donc je pense que je vais choisir l'Écosse ! Je vais visiter de nouvelles villes et je vais comparer leur culture avec la nôtre.

T : Très bien ! Tu me diras donc si tu as apprécié l'Écosse et si tu me la recommandes. C'est un voyage que je souhaite faire depuis longtemps. Mais est-ce un voyage organisé, voyages-tu avec un groupe de personnes ?

E : Oui. Je voyage avec un groupe de 30 personnes plus ou moins, deux guides touristiques et 3 jours avant notre départ, ils nous expliquent le programme : ce que nous allons visiter, quand et comment nous allons nous déplacer d'une ville à l'autre, quels musées nous allons visiter...

T : Super ! Donc Elena, je te verrai bientôt dans les semaines suivantes pour un dîner ensemble !

E : Bien sûr. Dis bonjour à ta famille ! Passe une bonne journée.

T : Bonne journée à toi aussi !

Holidays

Milan, Spring 2019.

Tiziana: Hello Elena! How are you?

Elena: Hello Tiziana. I'm fine thank you!

T: Good! Finally, it's time to organize our summer holidays.

E: Yes... I think I'll organize everything next week. Do you already have an idea about what you would like to do?

T: Actually, I'm really confused. My daughters would like to go to the beach, my husband to the lake and I would like to go to a place that I can explore by bicycle.

E: Well, it's really probable that you'll find trails at the lake where you can do some sports.

T: True, you are probably right. I am a little bit uncertain; I would feel bad if I didn't make my daughters happy. They only like the beach.

E: It is not impossible. You can find a compromise. That is, you can decide to go to the beach for a few days and then spend the weekend at the lake!

T: Excellent idea, I can suggest this at dinner!

E: Which is the lake your husband wants to see?

T: We have already visited the main lakes in North Italy, the only ones we haven't visited are the lake of Ledro and the lake of Idro. They are a few kilometers far from Lake Garda.

E: I have been to the lake of Ledro! It's a really nice place. It is in the hills and, in some points the water is really clean. I'm sure you'll find bicycle trails next to pedestrian areas! The only thing that I didn't like is that it´s not always sunny. The weather is really variable: one second it is really sunny and the following second really cloudy. But, apart from that, I enjoyed everything: the city is small, every Saturday there's a market and, if you travel a few kilometers far from there you'll find excellent restaurants.

T: You are convincing me Elena, thank you for this information.

E: And do you already know where do you want to go to the beach?

T: Actually no, in Italy there are so many places where we can enjoy a vacation at the beach. And, at the same time, if we get on a plane, in less than two hours we will get to the Balearic Islands and visit Mallorca that is the only island we haven't visited yet.

E: But if you decide for a double vacation, it is more convenient to travel by car and find a place that is close to the lake.

T: Actually, the lake and the beach are distant even by car, we need at least four or five hours to get to Liguria, but we already visited it in 2015.

E: Actually, you are right, maybe it is quicker to go to the airport and take a flight to Mallorca.

T: If the family agrees, we could do that. Thank you very much for the information, this evening I'm going to talk with them and I'll let you know what we have decided! And you, do you have an idea about your next trip Elena?

E: Usually, in the summer I like to visit cities, particularly the cities of Northen Europe and, during the winter, when it is really cold where we live, I like going to the beach on the opposite part of where we are: the Maldives, Cuba, Indonesia.

T: I am so jealous! So, do you already know which city will you visit next summer?

E: I'm not so sure … I would like to go back to the Netherlands and from there, to Denmark. But at the same time, I would like to visit all Scotland. I should go to a travel agency and see what is more convenient for me.

T: I was thinking about visiting Scotland too during Christmas break, but then I decided not to go to a place that is colder than Italy. For sure, it is on the list of my future trips!

E: So Tiziana I'll see you around during the week for a coffee if you want! We will talk about next holidays.

T: Sure Elena, see you soon!

A week later

E: Hello Tiziana, how are you?

T: Hello Elena. Everything is fine! Finally, we have decided where to go for the next holidays!

E: Excellent! So, finally what have you decided?

T: The program is this one: we will leave on Saturday with our car and will go to the lake of Ledro at 11am. We will stay in a three-star hotel there until Wednesday morning. After breakfast, we will leave for Milan airport. At 3pm we will fly to Mallorca and we will stay there until the following Monday.

E: This is a great schedule! This way all of you will be happy! You can exercise a little bit at the lake and you can relax at the beach.

T: That's right Elena. My husband is happy, my daughters are happy and I am happy too because I can appease passions and preferences of each of us!

E: Have you already checked the trails you can do with your bicycle at the lake?

T: Yes. For now, I have information about the trails around the lake; I'll look for bicycle trails along the coast. I would also love to find some trails in the hills.

E: And what about Mallorca? Did you get information about what you want to visit?

T: Not at all. I know there are so many inlets on the island, and I know that they offer guided tours on the boat! I'll organize the best vacation with my daughters and I'll choose the best beaches. And you Elena? Did you go to the agency to find out about the most convenient holiday?

E: Yes, I went there last Thursday. The cost of both trips is almost the same, so I think I'll choose Scotland! I'll visit new cities and I'll compare their culture with ours.

T: Very good! So you'll tell me if you have enjoyed Scotland and if you recommend it to me. It is a trip that I have wished to do for a long time. But is it an organized trip, are you traveling with a group of people?

E: Yes. I am traveling with a group of 30 people more or less, two tourist guides and 3 days before we leave, they'll explain the schedule to us: what we will visit, when and how we will move from one city to another, which museums we will visit...

T: Great! So Elena I'll see you soon in the following weeks for a dinner together!

E: Sure. Say hello to your family! Have a nice day.

T: Have a nice day you too!

Vocabulary

Je vais bien = I´m fine

Tout = Everything

Déjà = Already

Mari = Husband

Probable = Probable

Un petit peu = A little bit

Quelques jours = A few days

Vallées = Hills

Plage = Beach

Voyage = Travel

Voiture = Car

Tous les deux (les deux) = Both

Presque = Almost

Plus pratique = More convenient

Peux-être = Maybe

Petit déjeuner = Breakfast

Vélo = Bicycle

Toi aussi = You too

Pour trouver = To find

Pour visiter = To visit

Nuageux = Cloudy

Ensoleillé = Sunny

Zone pietonne = Pedestrian areas

Marché = Market

Place = Place

Entre = Between

Pour profiter = To enjoy

Je n'ai pas aimé = I didn't like

Pour aller = To go

Où = Where

3. Séries télévisées et documentaires

Au téléphone

Lucas : Bonjour Marc !

Marc : Bonjour Lucas, comment vas-tu ? Je te dérange ?

L : Non, je regardais la télé. Dis-moi.

M : Tu veux venir chez moi et jouer à la PlayStation avec moi ?

L : Marc... tu sais que je n'aime pas les jeux vidéo. Si tu veux, on peut choisir un film ensemble ou on peut commencer à regarder une série télé.

M : OK ! Je t'attends ici. Quand est-ce que tu viendras ?

L : Je vais prendre une douche, je vais attendre que mon père me passe sa voiture et j'arrive. Dans une demi-heure. À tout à l'heure.

Chez Marc

L : Bonjour !

M : Entre !

L : Tu joues toujours à la PlayStation ? !

M : Aujourd'hui, je n'ai joué que pendant une heure. Alors, décidons ce qu'on va regarder. Tu préfères une série télé ou un film ?

L : Pour moi, une série, c'est parfait, j'en ai regardé tellement. Quel genre préfères-tu ?

M : En fait, je les aime toutes, je n'ai pas de genre préféré. En général, j'aime beaucoup la fantaisie et l'horreur, mais j'aime tout.

L : Alors voyons si on peut se mettre d'accord. De toute évidence, l'une des séries les plus regardées est "Money Heist" et je ne comprends pas la raison de son succès. L'histoire est très originale, je dois l'admettre, mais je n'ai pas aimé les acteurs. La plupart d'entre eux sont sans expression.

M : Comment peux-tu penser ça ? Je pense qu'ils sont géniaux. Chacun d'entre eux a été capable d'interpréter ses propres émotions. Je pense que la 4ème saison va bientôt sortir, c'est bien ça ?

L : Je crois, oui. J'ai beaucoup apprécié les deux derniers épisodes de la 3ème saison. L'histoire n'a pas évolué avant mais au cours des deux derniers épisodes, elle est devenue plus intéressante.

M : C'est sûr que dans les deux derniers épisodes, des événements inattendus se produisent, mais pour moi, c'est une très bonne série télévisée. Au fait... as-tu déjà regardé "Elite" ?

L : Oui, je l'ai regardé et j'ai vraiment apprécié. Même si les acteurs sont très jeunes, ils ont joué parfaitement.

M : Ne dis rien d'autre. Je dois encore la terminer, je l'ai regardée à moitié.

L : Et "Atypique", tu l'as regardé ?

M : Non, je ne l'ai pas regardé. C'est quoi ?

L : C'est une série télévisée très comique, c'est drôle. En même temps, sans même s'en rendre compte, ils transmettent beaucoup de concepts importants qui ne sont pas triviaux. Le personnage principal est un jeune autiste de 18 ans. Sa vie est liée à celle de ses parents, de sa sœur et de son meilleur ami.

M : Intéressant. Je commencerai probablement à la regarder quand j'aurai fini "Elite".

L : Une autre série que j'ai beaucoup aimée est "Vikings". C'est l'une des rares séries où l'on s'attend à ce qu'il se passe quelque chose, mais c'est le contraire qui se produit ! Imprévisible.

M : Je dois être sincère : j'ai commencé à la regarder il y a quelques semaines mais elle ne m'a pas captivé.

L : Au début et pendant la première saison, c'est assez lent, mais après, tu commenceras à l'apprécier.

M : Tu penses ? Donc, quand je serai plus disponible, je commencerai à la regarder.

L : Alors, qu'est-ce que l'on regarde maintenant ? Veux-tu qu'on commence "Sense8" ? Je pense que cela va te plaire. J'ai commencé à la regarder, mais pour de nombreuses raisons, j'ai arrêté.

M : Je pense que c'est de la science-fiction je n'aime pas ce genre, tu le sais.

L : Je peux te garantir que c'est très réaliste.

M : D'accord, je te fais confiance. Commençons.

Après le premier épisode

L : Alors, qu'en penses-tu ?

M : J'aime bien, j'aimerais voir comment l'histoire va évoluer.

L : Parfait. Une autre série similaire que tu dois regarder est "Babylon 5". Je te la recommande, mais si tu veux la regarder, tu dois faire attention parce que c'est vraiment compliqué, mais tu verras, tu l'aimeras.

M : Les gens m'en ont parlé, mais si c'est compliqué, je ne la regarderai pas. Pour moi, regarder une série signifie être détendu et calme. Une série compliquée, ce n'est pas pour moi.

L : D'accord, nous avons des goûts complètement différents. Ma sœur regarde en ce moment "Cable girls". Elle est recommandée aux femmes parce que l'histoire parle de filles qui se battent pour leurs droits. Elle m'a dit qu'elle transmet des concepts importants sur la vie. Peut-être que je vais la commencer plus tard.

M : Non, une série télévisée avec quatre personnages féminins sur cinq, je ne peux pas ! Je dois déjà supporter ma mère et mes deux sœurs !

L : N'exagère pas ! Je change complètement de sujet... as-tu déjà regardé le documentaire sur la vie de Steve Jobs ?

M : Non. Mais ça doit être intéressant ! Je sais juste que c'est un génie, mais je ne sais rien d'autre sur sa vie. Je peux obtenir plus d'informations en regardant un documentaire.

L : Bien sûr. Tu peux trouver de nombreux documentaires sur la vie de personnes célèbres, importantes et historiques. Par exemple, j'ai regardé un documentaire sur les Rolling Stones.

M : Et que disaient-ils ?

L : C'était sur leur vie de rockstars. Qu'est-ce que cela fait de donner un concert avec des millions de personnes et comment ils ont voyagé d'un pays à l'autre.

M : Le seul documentaire que j'ai regardé portait sur la Seconde Guerre mondiale. Je l'ai regardé avec mon père, il est très intéressé par l'histoire du XXe siècle car il est professeur d'histoire. Je n'ai pas aimé du tout, c'était tellement ennuyeux...

L : ...et tu t'es sûrement endormi !

M : Exactement !

L : Ok, après cette discussion, il est assez évident que nous aimons des choses différentes !

M : Absolument !

L : C'est l'heure du dîner... Je dois rentrer à la maison ! Fais-moi savoir si et quand tu commences une nouvelle série télévisée ou un nouveau documentaire !

M : Bien sûr ! Merci !

Tv series and documentaries

Bristol, United Kingdom

Martina: Good morning Gaia, what a coincidence! I've never seen you at the library.

Gaia: Hello Martina, you are right. I come here rarely, but today I couldn't focus at home. I am pretty tired.

M: Why are you tired?

G: I am tired because yesterday I had my volleyball workout from 8pm to 10.30pm and last night I couldn't sleep so much because I had an early meeting, at 8am. And how are you?

M: I'm fine thank you. You'll sleep tonight. How often do you train?

G: I train three times a week. On Monday and on Friday from 6pm to 8.30pm and on Wednesday from 8pm to 10.30pm.

M: For sure you are a really active girl! I imagine you really like this sport.

G: Yes, I do like volleyball and even if it is wearisome, I couldn't stop training. Also, in addition to these three days of training, during the weekend I always have a match.

M: I can imagine. Is the match on Saturday or on Sunday?

G: It depends on the schedule of the federation. Usually on Sunday afternoon, but sometimes even on Saturday evening.

M: I understand. If you want, I can come to visit you on Sunday afternoon. How long have you been playing volleyball?

G: Yes absolutely, I would be really happy. Actually, not for so long, for 6 years more or less.

M: Ah okay, not for a short neither for a long time.

G: And do you play any sports?

M: Yes Gaia, I do horse riding.

G: Wow! I love horses, and all animals in general. How long have you been doing horse riding?

M: I started when I was young, when I was 9.

G: Do you have your own horse?

M: Yes, last year for my 18th birthday my parents gave me one, her name is Alma.

G: It is a wonderful name! Please describe your horse to me, I am really curious.

M: Alma is a great female horse, she is very tall, she is dark brown with a light brown mane.

G: Wow! I'm sure she is amazing. I think that taking care of a horse is really challenging.

M: Yes, every day I find some time to go feeding her, to wash her and when I am free we go for a long ride together.

G: I think the relationship between you two is great.

M: Yes, I really love it, I consider my horse a member of the family. By the way, I have to call my mom to ask her if she can take me to the stables in half an hour.

Phone call between Martina and her mother Lucy

M: hello Mom, are you okay?

L: Hello Martina, everything is okay. Do you need something?

M: I would like to ask you if in half an hour you could take me to the riding school.

L: I can but in hour Martina, is it the same for you?

M: I'll let you know by message, thank you, talk to you soon!

L: Okay, talk to you later.

End of call between Martina and her mother Lucy

G: So what did your mother say?

M: She told me that she can take me but in an hour. Do you want to come with me?

G: Sure Martina, today I don't have to train.

M: Perfect! So I'll tell my mom right away!

After an hour at the riding school

M: As you can see there are different horses, some of them belong to the owners of the riding school, only five of them belong to other people.

G: I understand. There are even two ponies!

M: Yes, these are Robert's ponies, the owner of the riding school. Their names are Ares and Ace. They are male and they are 10 and 8 respectively. Comewith me, I'll show you Alma!

G: Sure, let's go!

M: Here we are. I think she is the most beautiful.

G: You are right she is beautiful, can I pet her?

M: Of course, she is a female horse and she is very lovely.

G: If you agree, one day I'll come back again and I'll try riding Alma?

M: I agree. We can choose a day that you don't train.

G: Sure. Normally on Saturday morning, I am free, I don't train and I am not busy at school. On Thursday, that I am free again, I study English with a classmate, I really like English.

M: I understand! You are really busy. By the way, I think Saturday will be perfect. What do you think about next Saturday?

G: Next Saturday I can't because I have a dentist appointment, so I'll be busy all morning long. But I can on March 18th, if you agree with that.

M: Agreed on March 18$^{th.}$

G: If you want, we can exchange phone numbers and we can talk on WhatsApp.

M: Sure. My number is 334 5678901.

G: Ok, perfect. What's your surname?

M: Ferdinand.

G: Ok. My number is 339 4244792 and Scott is my surname.

M: Later on, you'll tell me a day I can come to support your volleyball team!

G: Okay! Thank you very much for this afternoon, I have really enjoyed meeting Alma!

M: Thank you Gaia, my pleasure.

G: Talk to you soon, have a nice evening.

M: You too.

Vocabulary

Jouer = To Play

Qui = Which

Évidemment = Obviously

Je pense = I think

Heure = Hour

Préfères-tu = Do you prefer

À plus tard = See you later

Plusieurs = Many

J'apprécie = I like

Acteur = Actor

Sans expressions = Expressionless

Regarder = To Watch

Semaine = Week

Jour = Day

Commencer = To start

Arrêter = To stop

Épisode = Episode

Goût = Taste

Sœur = Sister

Frère = Brother

Génie = Genius

Tout = Anything

Documentaire = Documentary

Information = Information

Pays = Country

Ennuyeux = Boring

Chato = Boring

4. Sport

Bristol, Royaume-Uni

Martina : Bonjour Gaia, quelle coïncidence ! Je ne t'ai jamais vue à la bibliothèque.

Gaia : Bonjour Martina, tu as raison. Je viens rarement ici, mais aujourd'hui je n'ai pas pu me concentrer à la maison. Je suis très fatiguée.

M : Pourquoi es-tu fatiguée ?

G : Je suis fatiguée parce qu'hier soir j'ai fait mon entraînement de volley-ball de 20h à 22h30 et je n'ai pas pu dormir tard ce matin parce que j'avais une réunion tôt, à 8h du matin. Et toi, comment vas-tu ?

M : Je vais bien, merci. Tu dormiras mieux cette nuit. À quelle fréquence t'entraînes-tu ?

G : Je m'entraîne trois fois par semaine. Le lundi et le vendredi de 18h à 20h30 et le mercredi de 20h à 22h30.

M : C'est sûr que tu es une fille très active ! J'imagine que tu aimes vraiment ce sport.

G : Oui, j'aime le volley-ball et même si c'est fatiguant, je ne pourrais pas m'arrêter de m'entraîner. Et, en plus de ces trois jours d'entraînement, j'ai toujours un match le week-end.

M : J'imagine. Le match a lieu le samedi ou le dimanche ?

G : Ça dépend de l'horaire de la fédération. Habituellement le dimanche après-midi, mais parfois, c'est même le samedi soir.

M : Je vois. Si tu veux, je peux venir te voir le dimanche après-midi. Depuis combien de temps fais-tu du volley-ball ?

G : Oui, absolument, cela me ferait très plaisir. En fait, pas depuis si longtemps, depuis 6 ans plus ou moins.

M : Ah ok, ça fait longtemps mais à la fois pas si longtemps.

G : Et toi, tu fais du sport ?

M : Oui Gaia, je fais de l'équitation.

G : Wow ! J'aime les chevaux, et tous les animaux en général. Depuis combien de temps fais-tu de l'équitation ?

M : J'ai commencé quand j'étais jeune, à l'âge de 9 ans.

G : As-tu ton propre cheval ?

M : Oui, l'année dernière pour mes 18 ans, mes parents m'en ont offert un, il s'appelle Alma.

G : C'est un nom merveilleux ! Peux-tu me décrire ton cheval, je suis vraiment curieuse.

M : Alma est une superbe femelle, elle est très grande, elle a une robe marron foncé avec une crinière marron clair.

G : Ouah ! Je suis sûr qu'elle est incroyable. Je pense que prendre soin d'un cheval est vraiment un défi.

M : Oui, chaque jour je trouve du temps pour aller la nourrir, la laver et quand je suis libre, nous faisons une longue promenade ensemble.

G : Je pense que la relation entre vous deux est excellente.

M : Oui, je l'aime vraiment, je considère mon cheval comme un membre de la famille. Au fait, je dois appeler ma mère pour lui demander si elle peut m'emmener aux écuries dans une demi-heure.

Appel téléphonique entre Martina et sa mère Lucy

M : Bonjour maman, ça va ?

L : Bonjour Martina, tout va bien. Tu as besoin de quelque chose ?

M : Je voudrais te demander si dans une demi-heure tu pourrais m'emmener au centre équestre.

L : Je peux, mais seulement dans une heure. C'est pour toi ?

M : Je te le dirai par message, merci, à bientôt !

L : D'accord, à plus tard.

Fin de l'appel entre Martina et sa mère Lucy

G : Alors, qu'a dit ta mère ?

M : Elle m'a dit qu'elle peut m'emmener mais dans une heure. Tu veux venir avec moi ?

G : Bien sûr Martina, aujourd'hui je n'ai pas besoin de m'entraîner.

M : Parfait ! Alors je vais le dire à ma mère tout de suite !

Après une heure au centre équestre

M : Comme tu peux le voir, il y a différents chevaux, certains appartiennent aux propriétaires de l'école d'équitation, seulement cinq d'entre eux appartiennent à d'autres personnes.

G : Je comprends. Il y a même deux poneys !

M : Oui, ce sont les poneys de Robert, le propriétaire du centre équestre. Ils s'appellent Ares et Ace. Ce sont des mâles et ils ont respectivement 10 et 8 ans. Viens avec moi, je vais te montrer, Alma !

G : Bien sûr, allons-y !

M : Nous y sommes. Je trouve qu'elle est la plus belle.

G : Tu as raison, elle est belle, je peux la caresser ?

M : Bien sûr, c'est une jument et elle est très belle.

G : Si tu es d'accord, un jour je reviendrai et j'essaierai de monter Alma ?

M : Je suis d'accord. On peut choisir un jour où tu ne t'entraînes pas.

G : Bien sûr. Normalement, le samedi matin, je suis libre, je ne m'entraîne pas et je ne suis pas occupée à l'école. Le jeudi, quand je suis de nouveau libre, j'étudie l'anglais avec un camarade de classe, j'aime beaucoup l'anglais.

M : Je comprends ! Tu es très occupée. Au fait, je pense que samedi sera parfait. Que penses-tu de samedi prochain ?

G : Samedi prochain, je ne peux pas parce que j'ai un rendez-vous chez le dentiste, donc je serai occupée toute la matinée. Mais je peux venir le 18 mars, si tu es d'accord.

M : Je suis d'accord pour le 18 mars.

G : Si tu veux, on peut échanger nos numéros de téléphone et on peut parler sur WhatsApp.

M : Bien sûr, mon numéro est le 334 5678901.

G : D'accord, parfait. Quel est ton nom de famille ?

M : Ferdinand.

G : Ok. Mon numéro est le 339 4244792 et mon nom de famille est Scott.

M : Plus tard, tu me diras quel jour je peux venir soutenir ton équipe de volley-ball !

G : Ok ! Merci beaucoup pour cet après-midi, j'ai vraiment apprécié de rencontrer Alma !

M : Merci Gaia, c'est un plaisir.

G : A bientôt, bonne soirée.

M : Toi aussi.

Sport

Bristol, United Kingdom

Martina: Good morning Gaia, what a coincidence! I've never seen you at the library.

Gaia: Hello Martina, you are right. I come here rarely, but today I couldn't focus at the house. I am pretty tired.

M: Why are you tired?

G: I am tired because yesterday I had my volleyball workout from 8pm to 10.30pm and last night I couldn't sleep so much because I had an early meeting, at 8am. And how are you?

M: I'm fine thank you. You'll sleep tonight. How often do you train?

G: I train three times a week. On Monday and on Friday from 6pm to 8.30pm and on Wednesday from 8pm to 10.30pm.

M: For sure you are a really active girl! I imagine you really like this sport.

G: Yes, I do like volleyball and even if it is wearisome I couldn't stop train. Moreover, in addition to these three days of training, during the weekend I always have the match.

M: I can imagine. Is the match on Saturday or on Sunday?

G: It depends on the schedule of the federation. Usually on Sunday afternoon, but sometimes even on Saturday evening.

M: I understand. If you want I can come to visit you on Sunday afternoon. How long have you been playing volleyball?

G: Yes absolutely, I would be really happy. Actually not for so long, from 6 years more or less.

M: Ah okay, not for a short time neither for a long time.

G: And do you play any sport?

M: Yes Gaia, I do horse riding.

G: Wow! I love horses, and all animals in general. How long have you been doing horse riding?

M: I started when I was young, when I was 9.

G: Do you have your own horse?

M: Yes, last year for my 18th birthday my parents gave me one, its name is Alma.

G: It is a wonderful name! Please describe your horse to me, I am really curious.

M: Alma is a great female horse, she is very tall, she is dark brown with a light brown mane.

G: Wow! I'm sure it is amazing. I think that taking care of a horse is really challenging.

M: Yes, every day I find some time to go feeding it, to wash it and when I am free we go for a long ride together.

G: I think the relationship between you two is great.

M: Yes, I really love it, I consider the horse a member of my family. By the way, I have to call my mom to ask her if she can bring me to the stables in half an hour.

Phone call between Martina and her mother Lucy

M: hello Mom, are you okay?

L: Hello Martina, Everything is okay. Do you need something?

M: I would like to ask you if in half an hour you could bring me to the riding school.

L: I can but in hour Martina, is it the same for you?

M: I'll let you know by message, thank you, talk to you soon!

L: Okay, talk to you later.

End of call between Martina and her mother Lucy

G: So what did your mother say?

M: She told me that she can bring me but in an hour. Do you want to come with me?

G: Sure Martina, today I don't have to train.

M: Perfect! So I'll tell my mom right away!

After an hour at the riding school

M: As you can see there are different horses, some of them belong to the owners of the riding school, only five of them belong to other people.

G: I understand. There are even two ponies!

M: Yes, these are Robert's ponies, the owner of the riding school. Their names are Ares and Ace. They are male and they are 10 and 8 respectively. Come with me, I'll show you Alma!

G: Sure, let's go!

M: Here we are. I think it is the most beautiful.

G: You are right it is beautiful, can I pet it?

M: Of course, it is a female horse and it is very loving.

G: If you agree, one day I'll come back again and I'll try riding Alma?

M: I agree. We can choose a day that you don't train.

G: Sure. Normally on Saturday morning, I am free, I don't train and I am not busy at school. On Thursday, that I am free again, I study English with a classmate, I really like English.

M: I understand! You are really busy. By the way, I think Saturday will be perfect. What do you think about next Saturday?

G: Next Saturday I can't because I have a dentist appointment so I'll be busy all morning long. But I can on March 18th, if you agree with that.

M: Agreed on March 18th.

G: If you want we can exchange our mobile phones and we can talk on WhatsApp.

M: Sure. My number is 334 5678901.

G: Ok, perfect. What's your surname?

M: Ferdinand.

G: Ok. My number is 339 4244792 and Scott is my surname.

M: Later on you'll tell me a day I can come to support your volleyball team!

G: Okay! Thank you very much for this afternoon, I have really enjoyed meeting Alma!

M: Thank you Gaia, my pleasure.

G: Talk to you soon, have a nice evening.

M: You too.

Vocabulary

Bibliothèque = Library

Fatigué(e) = Tired

Rarement = Rarely

Hier = Yesterday

Volley-ball = Volleyball

Nuit = Night

Hier soir = Last Night

Lundi = Monday

Vendredi = Friday

Ce soir = Tonight

Comment ça va ?/ Comment vas-tu ? = How are you?

Entraînement = Training

Samedi = Saturday

Soirée = Evening

Généralement, En général = Usually

Des fois / de temps en temps = Sometimes

Un cheval / Des chevaux = Horse

Anniversaire = Birthday

Grand = Tall

Relation = Relationship

Apporter = To bring

Au fait / À propos = By the way

École = School

Centre équestre = Riding School

S'entraîner = Train

Propriétaire = Owner

Venir / arriver = Come

Venir avec moi = Come with me

Montrer = To show

Mâle = Male

Femelle = Female

Beau / belle = Beautiful

Jeudi = Thursday

Échanger = Exchange

Prénom = Name

Nom de famille = Surname

Au Plaisir = My pleasure

5. Présentations

Rome, Italie

Diego : Bonjour Lara !

Lara : Bonjour Diego. Comment vas-tu ? Aujourd'hui, tu n'es pas seul ! Qui est ton ami ?

D : Oui Lara, je t'ai dit que je voulais te présenter quelqu'un. C'est Arnaud, il vient d'arriver de France.

L : Ravie de te rencontrer Arnaud. Je m'appelle Lara.

A : Enchanté aussi.

L : Dis-moi, pourquoi es-tu ici à Rome ? Quand es-tu arrivé ?

A : Je suis arrivé il y a quelques jours. Rome est une ville merveilleuse et j'avais hâte de venir ici.

L : Alors, tu es ici en vacances ?

A : Non, en fait, je déménage ici.

L : Ah, quelle nouvelle ! Donc, nous allons beaucoup parler à l'avenir.

D : Lara, je dois y aller. Pourquoi ne restes-tu pas avec Arnaud ?

L : C'est une excellente idée. Si tu dois y aller, ne t'inquiète pas, on parlera un peu. Il semble qu'Arnaud parle parfaitement l'italien !

A : Je parle l'italien parce que je l'ai étudié pendant de nombreuses années, mais je l'ai aussi appris grâce à mes amis italiens qui vivent en France.

D : Je suis désolé de t'interrompre, mais je dois y aller maintenant. Au revoir les gars, à bientôt !

L, A : A bientôt, Diego.

A : Lara, tu es de Rome ?

L : Non, je viens d'un petit village de la province de Tarente, mais, tu sais, je vis ici depuis longtemps. Je travaille dans un cabinet d'avocats. Que fais-tu ? Pourquoi es-tu à Rome ?

A : Je suis architecte. Je suis sorti de l'Académie de Paris il y a de nombreuses années.

L : Super ! Tu es de Paris ?

A : Non, en fait je suis de Bordeaux mais je suis allé à Paris pour étudier l'architecture. C'est une ville que je connais parfaitement maintenant, car j'y habite depuis plus de 10 ans.

L : J'imagine. J'y suis allée pour une semaine de vacances. C'est une ville magique qui m'a fasciné, elle est pleine de lieux originaux et intéressants.

A : Quels sont les endroits que tu as visités ? Qu'est-ce que tu as le plus aimé?

L : Je me suis promenée dans le quartier de Montmartre, j'ai visité le Sacré Cœur et la Tour Eiffel. Un jour, je me suis perdue dans le centre parce que je me suis mis à marcher sans destination. J'ai passé une excellente soirée. Et j'ai été enchantée par le cimetière du Père Lachaise.

A : Oui, ce sont des quartiers très fascinants de Paris, surtout du point de vue culturel, mais aussi pour l'atmosphère que l'on y respire pendant la visite de ces lieux.

L : Tu as raison, j'ai adoré chaque coin de la ville. Ce fut l'un des meilleurs voyages de ma vie. Et toi, es-tu déjà allé en Italie ? Ou est-ce la première fois que tu viens ici ?

A : Oui, bien sûr. J'ai visité quelques villes dans le nord de l'Italie, comme Milan, Turin et Bologne. Dans le sud, je suis allé à Naples et à Palerme.

L : Qu'est-ce que tu as le plus aimé ?

A : J'ai aimé le fait que dans chaque région et dans chaque ville, il y a des caractéristiques extraordinaires qui rendent vos villes italiennes uniques.

L : Quelle ville as-tu aimée le plus ?

A : En fait, je les ai toutes aimées. Mais, si je dois choisir, Bologne m'a volé mon cœur, c'est une ville merveilleuse et je me suis senti chez moi.

L : Je te comprends parfaitement, même pour moi c'est la même chose. Bologne est l'une de mes villes préférées.

A : Eh bien, même si je l'aime beaucoup, je ne pourrais pas vivre dans une petite ville. Je suis habitué au rythme effréné de Paris, donc je ne vivrais pas à Bologne. Mais j'aime Rome et Milan.

L : Oui, en ce moment même, Milan est en pleine expansion. Elle se développe d'un point de vue architectural, avec de nouveaux bâtiments ultramodernes qui font partie du projet Porta Nuova et le gratte-ciel vert de la forêt verticale créé par Boeri.

A : Oui, je suis vraiment intéressé et j'aimerais étudier davantage. Je vais travailler sur un nouveau projet concernant les techniques innovantes qui seront développées à l'avenir.

L : Arnaud, en changeant de sujet, puis-je te demander ce que tu penses des Italiens ? Penses-tu qu'ils ont des caractéristiques intéressantes ?

A : Non, en fait je n'ai rien remarqué d'étrange, mais maintenant que j'y pense, j'ai quelque chose à te dire.

L : Dites-moi, je suis très curieuse de savoir ce que tu penses de nous.

A : Ne t'énerve pas, mais vous êtes obsédé par la nourriture.

L : Bien sûr que je ne me fâcherai pas ! Je le sais !

A : Vous pouvez parler de nourriture et de recettes à toute heure de la journée.

L : Tu as raison, même quand on mange, on parle de nourriture. Pendant que nous cuisinons, pendant que nous sommes avec nos amis, nous avons toujours envie de manger.

A : Ce truc était vraiment intéressant pour moi. Une fois, dans une pizzeria avec des amis italiens, je les ai entendus parler de la pizza comme d'une chose sacrée.

L : C'est sacré pour nous, je peux te le garantir.

A : Je sais. C'est vraiment drôle.

L : Je comprends. Je peux dire que tu as parfaitement raison. C'est peut-être un stéréotype, mais pour les Italiens, la nourriture est une chose sérieuse. Et, autre chose qui t'a surpris chez les Italiens ?

A : J'ai remarqué que vous êtes vraiment amicaux, mais je n'ai pas compris la façon dont vous saluez quelqu'un.

L : Je ne crois pas comprendre.

A : Je veux dire que je ne comprends pas comment bouger quand je rencontre quelqu'un. Il semble que vous aimiez vraiment le contact physique.

L : Ce n'est pas tout à fait vrai, nous n'avons aucun problème. Comme tu l'as sûrement remarqué, en Italie, si tu rencontres une personne, tu lui serres la main. Ensuite, si nous ne sommes pas aussi proches de cette personne, nous continuons à lui serrer la main, même à l'avenir. Au lieu de cela, avec les amis et les membres de la famille, nous nous embrassons sur la joue. Même dans des contextes formels ou sur le lieu de travail, nous nous serrons la main. C'est très courant.

A : Donc, la plupart du temps, vous vous serrez bien la main ?

L : Oui, je dirais que c'est très courant. Mais seulement avec des personnes que nous ne connaissons pas bien. Avec des amis, c'est différent.

A : Je comprends.

L : Je dois partir, mais prends mon numéro, on reste en contact.

A : Bien sûr. Je te remercie.

L : Alors, mon numéro est le 39 07 36 45 21.

A : Parfait, je l'ai enregistré. Je t'appellerai.

L : Super. Je suis sûr que tu vas adorer cet endroit.

A : Merci encore. A bientôt !

L : Absolument ! A bientôt !

Presentations

Rome, Italy

D: Hello Lara!

L: Hello Diego. How are you? Today you are not alone! Who is your friend?

D: Yes Lara, I told you that I wanted to introduce someone to you. He is Arnaud, he has just come from France.

L: Nice to meet you Arnaud. I am Lara.

A: Nice to meet you too.

L: Tell me, why are you here in Rome? When did you arrive?

A: I arrived a couple of days ago. Rome is a wonderful city and I was looking forward to coming here.

L: So are you here on vacation?

A: No, actually I am moving here.

L: Ah, What a news! So, we will talk a lot in the future.

D: Lara, I have to go. Why don't you stay with Arnaud?

L: It's a great idea. If you have to go don't worry, we will talk a little bit. It seems that Arnaud speaks perfect Italian!

A: I speak Italian because I have studied it for many years, but I have also learned it thanks to my Italian friends that live in France.

D: I am sorry to interrupt you, but I have to go now. Bye guys, see you soon!

L, A: See you soon, Diego.

A: Lara, are you from Rome?

L: No, I am from a small village in the province of Taranto, but, you know, I have been living in here for a long time. I work in a lawyer's office. What do you do? Why are you in Rome?

A: I am an architect. I graduated many years ago from the Paris Academy.

L: Great! Are you from Paris?

A: No, actually I am from Bordeaux but I moved to Paris to study architecture. It is a city that I know perfectly now, because I have been living there for more than 10 years.

L: I can imagine. I went there for a week vacation. It is a magic city that fascinated me; it is full of original and interesting places.

A: Which places did you visit? What did you like the most?

L: I took my walk in the area of Montmartre, I have visited the Sacre Coeur and the Eiffel Tower. One day I got lost in the center because I started walking with no destination. I was a great evening. And I was enchanted by the cemetery of Père Lachaise.

A: Yes, these are very fascinating areas of Paris especially from the cultural point of view, but also for the atmosphere you enjoy while you are visiting those places.

L: You are right, I loved every single corner of the city. It has been one of the best trips of my life. And you, have you ever been to Italy? Or is it the first time here for you?

A: Yes, sure. I have visited some cities in the north of Italy, like Milan, Turin and Bologna. In the south I have been to Naples and Palermo.

L: What did you like the most?

A: I liked the fact that in every region and in every city there are extraordinary features that make your Italian cities unique.

L: Which city have you liked the most?

A: Actually, I liked them all. But, if I have to choose, Bologna stole my heart, it is a wonderful city and I felt myself at home.

L: I perfectly understand you, even for me it's the same. Bologna is one of my favorite cities.

A: Well, even if I like it a lot, I couldn't live in a small city. I am used to the frenetic pace of Paris, so I wouldn't live in Bologna. But I love Rome and Milan.

L: Yes, right now Milan is expanding. It is growing from an architectural point of view, with new ultramodern buildings that belong to the Project Porta Nuova and the green skyscraper of the vertical foresting created by Boeri.

A: Yes, I am really interested and I would like to study more. I'll work on a new project regarding innovative techniques that will be developed in the future.

L: Arnaud, changing topic, can I ask you what do you think about Italians? Do you think they have interesting features?

A: No, actually I haven't noticed any strange thing, but now that I think about it, I have something to tell you.

L: Tell me, I am very curious about what do you think of us.

A: Well, do not get upset, but you are obsessed with food.

L: Of course I won't get upset! I know that!

A: You can talk about food and recipes at any time.

L: You are right, even when we eat we talk about food. While we are cooking, while we are with our friends, we always want to eat.

A: This thing was really interesting for me. Once, in a pizzeria with some Italian friends, I heard them talking about pizza as it was a sacred thing.

L: It is sacred for us, I can guarantee this.

A: I know. It is really funny.

L: I understand. I can say that you are perfectly right. Maybe it is a stereotype but for Italians food is a serious thing. And, another thing that has surprised you about Italians?

A: I have noticed that you are really friendly, but I haven't understood the way you greet someone.

L: I don't think I understand.

A: I want to say that I don't understand how to move when I meet someone. It seems that you really like physical contact.

L: This is not completely true, we do not have any problems. As you have surely noticed, in Italy if you meet a person you shake his/her hand. After that, if we are not so close to that person, even in the future we continue to shake his/her hand. Instead, with friends and family members we kiss each other on the cheek. Even in formal contexts or at the workplace we shake our hands. It is very common.

A: So most of the time you shake hands right?

L: Yes, I would say that it is very common. But only with people we don't know so well. With friends it is different.

A: I do understand.

L: Now I have to go, but take my number, let's keep in touch.

A: Of course. Thank you very much.

L: Sure! My number is 3907364521.

A: Perfect, I have saved it. I'll give you a call.

L: Great. I am sure that you will love this place.

A: Thank you again. Let's talk soon!

L: Absolutely! Talk to you soon!

Vocabulary

Couple = Couple

Quelques jours = Couple of days

Merveilleux = Wonderful

Parler = To speak

Italien = Italian

Architecte = Architect

Quel = Which

Voyage = Trip

Région = Region

Tout / Toute = Every

Caractéristiques = Features

Voler = To stole

Cœur = Heart

Bouleversé = Upset

Nourriture = Food

Recettes = Recipes

Drôle = Funny

Corps = Body

Quelqu'un = Someone

6. Au zoo

Nadia : Ma chère Giada, dans quelques jours, c'est ton anniversaire.

Giada : Oui maman, je sais, j'aurai dix ans.

N : Tu es une grande fille ! Le temps passe vite... que veux-tu pour ton anniversaire ?

G : Maman, tu le sais déjà ! Tu sais que j'aime les animaux... et tu sais que j'aimerais avoir un chat, ou même deux !

N : J'aimerais avoir un chat et te l'offrir, mais tu sais que papa est allergique...

G : Vraiment ? Il est allergique ? Je ne savais pas.

N : Je te l'ai dit plusieurs fois, la fourrure du chat dérange papa...

G : Je suis vraiment désolée pour papa, et pour moi aussi. J'aimerais vraiment avoir un chat et beaucoup d'autres animaux.

N : Je sais ce que je peux t'offrir pour ton anniversaire, si tu me fais confiance. Je ne peux pas te promettre de t'acheter un chat, mais, comme tu aimes les animaux...

G : Dis-moi maman, je suis curieuse !

N : Je vais attendre le jour de ton anniversaire, je suis sûre que tu vas l'adorer.

Quatre jours plus tard...

G : Maman, c'est enfin mon anniversaire !

N : Joyeux anniversaire, Giada ! Prépare-toi, nous devons partir bientôt.

G : Ok, maman.

N : Giada, tu es prête ? Monte dans la voiture et dans une heure tu le sauras.

G : On est arrivées, maman ?

N : Oui, je dois juste acheter les billets.

Au guichet

N : Bonjour, j'ai besoin de deux billets, un pour moi et un pour ma fille, elle a dix ans.

Employée : Bonjour. C'est 20 euros. Je vous donne la carte du zoo pour que vous ne vous perdiez pas. Il y a beaucoup d'endroits où vous pouvez déjeuner ou prendre une collation.

N : Très aimable à vous. Merci.

A l'entrée du zoo

N : Je t'ai emmenée au zoo. Es-tu heureuse ?

G : Je suis vraiment heureuse maman, c'est un merveilleux cadeau d'anniversaire.

N : Allons voir les animaux.

G : Ok maman, commençons par les lions.

N : Alors continuons, à droite tu verras les lions.

G : Les voilà. Ils sont énormes ! Et il y a même un petit lionceau. C'est magnifique !

N : Tu as vu la lionne ? Je pense qu'ils sont une famille, maman, papa et le fils.

G : Maman, il y a un autre lionceau, tu le vois ? Il est là, derrière le buisson. Il est encore plus petit !

N : Je le vois, c'est beau ! Si on continue, on va voir les tigres même les blancs.

G : Alors, allons-y. Je ne savais pas que les tigres blancs existaient. Je peux les voir. L'un d'eux dort. Ils sont merveilleux. Ils ressemblent à des chats.

N : Oui, ils appartiennent à la même famille, l'espèce féline.

G : Maman, tu crois qu'on peut les caresser ?

N : Non Giada, malheureusement il n'est pas possible de les caresser pour des raisons de sécurité. Seuls les dresseurs peuvent les caresser, ils connaissent les tigres et savent comment se comporter ! Parfois, ces animaux sont dangereux et il vaut mieux ne pas s'approcher trop près.

G : Quel dommage, j'aimerais beaucoup ! Prenons des photos de ces merveilleux animaux, je ne veux pas oublier cette journée.

N : Bien sûr, j'ai déjà pris quelques photos. Tournons à droite, Giada ! Allons voir les singes.

G : Les voilà ! Ils sont si drôles. Ils sont très amicaux ! Regarde là-bas, un singe qui mange une banane ! Est-ce qu'ils ne mangent que des fruits ?

N : Je ne pense pas, Giada, je pense qu'ils mangent autre chose aussi. Il y a tellement de singes ! De différentes espèces, je veux dire. Si on continue, on peut voir des macaques, des babouins...

G : Ok maman, on y va ! J'aime beaucoup les singes. Mais il n'y a pas de gorilles ici, pourquoi ?

N : Il y a très peu d'espèces de gorilles.

G : Ah ok je comprends, sont-ils en danger d'extinction ?

N : Malheureusement oui. Avec d'autres animaux comme les koalas, ils sont en danger d'extinction.

Après quelques heures – l'heure d'une collation

N : Tu veux une glace Giada ?

G : Oui maman, je voudrais du chocolat et de la fraise, merci. Veux-tu une glace ?

N : Non, Giada, je vais prendre une salade de fruits. Voici ta glace. Tu profites de la journée ?

G : Beaucoup maman, merci pour ce cadeau.

N : Ok, alors allons voir les crocodiles !

G : J'ai peur des crocodiles.

N : Ils ne peuvent pas nous faire de mal Giada, ils sont dans une très grande piscine et nous sommes dehors ! On ne peut que les voir.

G : Ah ok, heureusement.

N : Les voilà, regarde comme ils sont gros ! Je ne m'attendais pas à ça.

G : Ils font le double de ta taille maman ! Ils ont l'air méchant, je ne les aime pas.

N : Je pense que tous les animaux sont beaux. C'est sûr, certains plus que d'autres. Mais chacun d'entre eux est unique !

G : Maman, allons voir les autruches !

N : Parfait, il faut marcher un peu pour arriver aux oiseaux.

G : Les voilà maman, je les vois ! Elles sont très grandes et leurs œufs sont énormes !

N : Oui, quelle surprise, je ne m'attendais pas à les voir. Ils sont très beaux.

G : Et ils sont si nombreux !

N : Sais-tu comment reconnaître si une autruche est un mâle ou une femelle ?

G : Je pense que le mâle est plus grand et plus gros. C'est ça ?

N : Non Giada, c'est à cause de la couleur de leurs plumes. Normalement, l'autruche mâle est noire avec une queue blanche, alors que la femelle est complètement brune.

G : Ouah maman, je ne le savais pas. Il y a donc trois mâles et quatre femelles. Lesquels tu préfères ?

N : Je préfère les femelles, leur couleur est homogène.

G : Oui maman, tu as raison.

N : Nous avons tout vu Giada, il est temps de rentrer à la maison. Papa nous attend avec une autre surprise.

G : Merci pour cette merveilleuse journée ! J'ai hâte de rentrer à la maison et de découvrir l'autre cadeau.

At the zoo

Nadia: Dear Giada, in a few days it's your birthday.

Giada: Yes mom, I know, I'll be ten.

N: You are a grown girl! Time flies... what do you want for your birthday?

G: Mom, you already know it! You know I love animals... and you know I'd like to have a cat, at least two!

N: I would like to have a cat and give it to you, but you know that dad has an allergy...

G: Really? Is he allergic? I didn't know.

N: I told you many times, the cat's fur bothers dad...

G: I am really sorry for dad, and for me too. I would really like to have a cat and many other animals.

N: I know what I can give you for your birthday, if you trust me. I can't promise I'll buy you a cat, but, since you love animals...

G: Tell me mom, I am curious!

N: I'll wait until the day of your birthday, I'm sure you'll love it.

After four days...

G: Mom it's my birthday finally!

N: Happy birthday Giada! Get ready, we have to leave soon.

G: Okay mom.

N: Giada are you ready? Get in the car and in hour you'll find out.

G: Have we arrived mom?

N: Yes, I just have to buy the tickets.

At the box office

N: Good morning, I need two tickets, one for me and one for my daughter, she is ten.

Employee: Good morning. It's 20 euros. I'll give you the map of the zoo so you won't get lost. There are many places where you can have lunch or a snack.

N: Very kind. Thanks.

At the zoo entrance

N: I have brought you to the zoo. Are you happy?

G: I am really happy mom, it's a wonderful birthday present.

N: Let's go see the animals.

G: Okay mom, let's start with lions.

N: So let's continue, on the right you'll see the lions.

G: Here they are. They are huge! And there is even a small lion cub. It's beautiful!

N: Have you seen the lioness? I think they are a family, mom, dad and son.

G: Mom, there is another cub, do you see it? It's there behind the bush. It is even smaller!

N: I can see it, it's beautiful! If we continue, we'll see the tigers even the white ones.

G: So let's go. I didn't know white tigers existed. I can see them. One is sleeping. They are wonderful. They look like cats.

N: Yes they belong to the same family, the feline species.

G: Mom do you think we can pet them?

N: No Giada, unfortunately it is not possible to pet them for safety reasons. Only tamers can pet them, they know the tigers and they know how to behave! Sometimes these animals are dangerous and it's better not to get too close.

G: What a pity, I'd really like it! Let's take pictures of these wonderful animals; I don't want to forget this day.

N: Sure, I have already taken some pictures. Let's turn right Giada! Let's go see the monkeys.

G: Here they are! They are so funny. They are really friendly! Look over there, a monkey that is eating a banana! Do they only eat fruit?

N: I don't think so Giada, I think they might eat something else too. There are so many monkeys! Different species I mean. If we continue, we can see macaques, baboons...

G: Ok mom, let's go! I really like monkeys. But there aren't any gorillas here, why?

N: There are very few species of gorillas.

G: Ah okay I understand, are they at risk of extinction?

N: Unfortunately yes. Together with other animals like koalas, they are at risk of extinction.

After a few hours – time for a snack

N: Do you want an icecream Giada?

G: Yes mom, I would like chocolate and strawberry thanks. Will you have an icecream?

N: No Giada, I'll have a fruit salad. Here is your ice cream. Are you enjoying the day?

G: A lot mom, thank you for this present.

N: Okay, so let's go see crocodiles!

G: I'm scared of crocodiles.

N: They can't harm us Giada, they are in a very big pool and we are outside! We can only see them.

G: Ah okay, luckily.

N: Here they are, look how big they are! I was not expecting this.

G: They are double your size mom! They seem mean, I don't like them.

N: I think all animals are beautiful. For sure, some of them more than others. But each of them is unique!

G: Mom let's go see the ostriches!

N: Perfect, we have to walk a little bit to get to the birds.

G: Here they are mom, I can see them! They are really tall and their eggs are huge!

N: Yes, what a surprise, I was not expecting to see them. They are beautiful.

G: And there are so many!

N: Do you know how to understand if an ostrich is a male or a female?

G: I think that the male is taller and bigger. Correct?

N: No Giada, it's because of the color of their feathers. Normally the male ostrich is black with a white tail, while the female is completely brown.

G: Wow mom, I'd never guess it. So there are three males and four females. Which one do you prefer?

N: I prefer the females, their color is homogeneous.

G: Yes mom you are right.

N: We have seen everything Giada, it's time to back home. Dad is waiting for us with another surprise.

G: Thank you for this wonderful day! I'm looking forward to going back home and finding out about the other present.

Vocabulary

Anniversaire = Birthday

Chat = Cat

J'aimerais = I would like

Allergique = Allergic

Curieuse = Curious

Monter = Get on

Acheter = To buy

Fille = Daughter

Déjeuner = Lunch

Donner = To give

Énorme = Huge

Grand = Tall

Plus grand = Taller

Gros = Big

Plus gros = Bigger

Des œufs = Eggs

Lion = Lion

Il y a = There is

Il y a = There are

Dormir = To sleep

Malheureusement = Unfortunately

Amicaux = Friendly

Singe = Monkey

Attendre = To wait

Un autre / une autre = another

Surprise = surprise

Unique = Unique

Chaque = Each

7. Étudiant Erasmus

Parma, Nord de l'Italie

David : Allô ? Vous êtes bien Mme Lucia Grandi ?

Lucia : Bonjour, oui, c'est moi. Comment puis-je vous aider ?

D : Je suis David Rossi, l'étudiant Erasmus de Londres au Royaume-Uni.

L : Enchantée, David. Je suis la directrice Lucia Grandi. Comment allez-vous ?

D : Enchanté également, Mme Grandi. Je vais bien. J'espère que vous allez bien aussi.

L : A-t-il été difficile de vous rendre à Parme ? Puisque, même si ce n'est pas une petite ville, il n'y a pas d'aéroport...

D : Le voyage a été long, mais il n'a pas été difficile. De l'aéroport de Milan, je suis allé à la gare et j'ai pris un train pour Parme. Cela a pris une demi-journée ! Et comme je ne parle pas la langue, cela a pris plus de temps.

L : Pas de problème, l'important, c'est que vous soyez arrivé et que vous alliez bien. Avez-vous déjà visité un peu la ville ?

D : Oui, aujourd'hui j'ai marché un peu et j'ai mémorisé comment se rendre au lycée depuis la maison.

L : Très bien David, alors on se voit lundi à l'école ! Je t'accueillerai à 8h10 et je t'emmènerai dans ta classe.

D : Vous êtes très gentille Mme Grandi, à lundi.

Premier jour d'école

Emanuele : Bonjour ! Tu es le nouveau venu du Royaume-Uni ?

David : Bonjour, oui c'est moi. Ravi de te rencontrer, je suis David.

E : Ravi de te rencontrer, je suis Emanuele. Je serai ton camarade de classe. Si tu as besoin de quoi que ce soit, demande-le moi.

D : Merci beaucoup. C'est sûr que tu devras m'aider quand je ne comprendrai pas l'italien.

E : Eh bien, tu peux parler un peu. As-tu déjà étudié auparavant ?

D : Je suis allé en Italie plusieurs fois et j'ai étudié l'italien à l'école pour pouvoir dire quelques mots. Et puis, avant de partir de Londres, j'ai suivi un cours de

10 heures pour apprendre les bases. Ainsi, j'ai pu prendre un train de Milan et me rendre à Parme.

E : Très bien. C'est sûr que tous les camarades de la classe et moi allons t'aider ! Nous sommes un très bon groupe. L'année dernière, nous avons accueilli un Français et nous avons créé une forte amitié avec lui.

D : Et les professeurs ?

E : Comme dans toutes les écoles, il y a des professeurs durs et de bons professeurs. Mais ils t'aideront beaucoup. Tu étudieras quelques heures avec d'autres professeurs dans une autre salle. Ils t'aideront, surtout au début, pour apprendre les bases de la grammaire italienne. Et tu nous aideras en anglais, puisque tu viens de Londres.

D : Bien sûr. Avec plaisir. Quel est ton niveau d'anglais ?

E : Mon niveau est assez bas, je pense que c'est un A2. La langue n'est pas mon point fort. Il faudra donc que tu m'aides.

D : Avec plaisir.

Pendant la pause

Francesca : Bonjour David, je suis désolée si je ne me suis pas présentée, mais je suis arrivée en retard à l'école parce que j'avais rendez-vous chez le dentiste.

David : Pas de problème Francesca, je suis David !

F : Tout le plaisir est pour moi ! Tu es de Londres, n'est-ce pas ?

D : Oui, je suis de Londres. J'ai déjà dit à Emanuele que je peux t'aider avec l'anglais, si tu en as besoin.

F : Eh bien, Emanuele est un " frana" en anglais !

D : Que signifie "frana" ?

F : être un "frana" signifie que tu n'es pas capable de faire quelque chose. Dans ce contexte, Emanuele n'est pas très fort en anglais.

D : Ah, ok, compris. Oui, il sait que l'anglais n'est pas sa force.

F : Donc si nous avons besoin d'aide, nous te demanderons...

D : ...et tu m'aideras à améliorer mon italien !

F : Faisons quelque chose : chaque jour tu nous apprends un adjectif, un verbe ou un nom en anglais et nous ferons de même en italien !

D : Bien sûr, pour apprendre, nous pouvons commencer par apprendre un adjectif, un verbe et un nom tous les jours !

F : Très bien. Je vais le dire au reste du groupe. Nous pouvons utiliser un cahier. Dans la première moitié, nous écrirons les nouveaux mots italiens et dans la deuxième moitié, nous écrirons les nouveaux mots anglais.

D : C'est une excellente idée. Merci beaucoup.

F : De rien. Je suis sûr que nos camarades de classe et nos professeurs seront d'accord.

Le jour suivant - pendant la pause

Gaia : Bonjour les gars, profitons de ces minutes de pause pour parler du voyage. Je voudrais souhaiter à nouveau la bienvenue à David, notre nouveau camarade de classe de Londres.

Davis : Merci Gaia, tu es vraiment gentille.

G : Alors les gars, la possibilité de faire le voyage a été confirmée, maintenant nous devons décider où aller et les professeurs qui viendront avec nous. Ensuite, nous déciderons ce que nous voulons visiter.

F : Je dirais, allons en Angleterre !

L : Je préférerais la France !

P : Moi aussi.

A : Non, je choisirais l'Espagne.

Gaia : Les gars, s'il vous plaît. Si vous parlez tous ensemble, on ne peut rien décider. Je pense que nous devrions éviter l'Angleterre pour que David puisse découvrir une autre culture !

Tous les étudiants : C'est vrai, tu as raison !

D : Merci les gars mais je suis le nouveau, c'est vous qui décidez !

Gaia : Pas de problème David. Nous allons le faire. Je vais maintenant vous donner quelques feuilles et chacun va écrire sa destination préférée et selon les préférences, nous déciderons où aller.

Une demi-heure plus tard

Gaia : D'accord les gars, la plupart d'entre vous ont voté pour l'Espagne. Bientôt, je parlerai avec M. Carini et nous déciderons de la ville que nous visiterons. La semaine prochaine, si vous êtes d'accord, nous nous retrouverons mercredi pour le déjeuner et nous déciderons comment organiser le voyage. David, es-tu déjà allé en Espagne ?

D : Quand j'étais jeune, je suis allé à Barcelone avec ma famille, mais je ne me souviens de rien. Je suis très heureux de visiter une nouvelle ville, de découvrir une nouvelle culture et de me lancer des défis ! Merci beaucoup, vous êtes un groupe formidable.

Erasmus student

Parma, North of Italy

David: Hello? Is it Mrs. Lucia Grandi?

Lucia: Yes, it's me. How can I help you?

D: I am David Rossi, the Erasmus student from London, UK.

L: Nice to meet you David. I am the headmaster Lucia Grandi. How are you?

D: Nice to meet you mrs. Grandi. I am fine. I hope you are fine too.

L: Was it difficult to get to Parma? Considering that even if it is not a small city it doesn't have an airport...

D: It has been a long trip, but it hasn't been difficult. From the Milan airport, I went to the train station and I took a train to Parma. It took half a day! And because I do not speak the language it took longer.

L: No problem, the important thing is that you arrived and you are okay. Have you already visited the city a little bit?

D: Yes, today I have walked a little bit and I have memorized how to get to the high school from home.

L: Very good David, so we'll see you on Monday at school! I'll welcome you at 8.10 and I'll take you to your class.

D: You are very kind Mrs. Grandi, see you on Monday.

First day of school

Emanuele: Hello! Are you the new guy from UK?

David: Hello, yes it's me. Nice to meet you, I'm David.

E: Nice to meet you, I am Emanuele. I'll be your schoolmate. If you need anything, please ask me.

D: Thank you very much. For sure, you'll have to help me when I won't understand Italian.

E: Well, you can speak a little bit. Have you studied that before?

D: I have been to Italy many times and my mom studied Italian at school so I can say something. But before leaving from London I attended a 10-hour course to learn the basics. This way I could take a train from Milan and get to Parma.

E: Very good. For sure all classmates and I we will help you! We are a very good group. Last year we welcomed a French guy and we have created a strong friendship with him.

D: And what about professors?

E: Like in every school, there are tough professors and good professors. But they will help you a lot. You will study some hours with other professors in another room. They will help you, especially at the beginning in order to learn the basics of the Italian grammar. And you'll help in English, since you come from London.

D: Of course. With pleasure. What's your English level?

E: My level is pretty low, I think it is an A2. Language is not my strength. So you will have to help me.

D: My pleasure.

During the break

Francesca: Hello David, I'm sorry if I haven't introduced myself, but I arrived late at school because I had a dentist appointment.

David: No problem Francesca, I am David!

F: My pleasure! You are from London, right?

D: Yes, I am from London. I have already told Emanuele that I can help you with English, if you need it.

F: Well, Emanuele is a "frana" in English!

D: What does "frana" mean?

F: being a "frana" means that you are not capable of doing something. In this context Emanuele is not capable in English.

D: Okay, understood. Yes, he knows English is not his strength.

F: So if we'll need help, we will ask you...

D: ...and you will help me improving my Italian!

F: Let's do something: every day you teach us an adjective, a verb or a noun in English and we will do the same in Italian!

D: Sure. In order to learn we can start by learning an adjective, a verb and a noun every day!

F: Great. I'll tell that to the rest of the group. We can use a notebook. In the first half we will write the new Italian words and in the second half we will write the new English words.

D:l That's a great idea. Thank you very much.

F: You are welcome. I'm sure our classmates and our professors will agree.

The following day – during the break

Gaia: Hello guys, let's use these minutes of the break to talk about the trip. I would like to welcome again David, our new classmate from London.

Davis: Thank you Gaia, you are really kind.

G: So guys, the possibility to do the trip has been confirmed, now we have to decide where to go and the professors who will come with us. Then we will decide what we want to visit.

F: I would say, let's go to England!

L: I would prefer France!

P: Me too.

A: No, I would choose Spain.

Gaia: Guys please. If you talk all together, we can't decide anything. I think we should avoid England so David can meet a different culture!

All students: That's true, you are right!

D: Thank you guys but I am the new guy, you decide!

Gaia: No problem David. We will do this. Now I am going to give you some sheets and everyone will write down his/her favorite destination and according to the preferences, we will decide where to go.

Half an hour later

Gaia: Okay guys, most of you voted for Spain. Soon I'll talk with Mr. Carini and we will decide the city we will visit. Next week, if you agree, we will meet for lunch on Wednesday and we will decide how to organize the trip. David, have you ever been to Spain?

D: When I was young, I went to Barcelona with my family, but I cannot remember anything. I am very happy to visit a new city, discover a new culture and challenge myself! Thank you very much, you are a wonderful group.

Vocabulary

Aider = To help

De = From

Bienvenue = Welcome

Un petit peu = A little bit

Avant = Before

Depuis = Since

Force = Strength

Pause = Break

Améliorer = To improve

Carnet de notes = Notebook

Moitié / Demi = Half

Premier = First

Écrire = To write

Anglais = English

Voyage = Trip

Décider = To decide

Visiter = To visit

Mercredi = Wednesday

As-tu déjà été = Have you ever been

8. Amitié

Cristina : Bonjour Mara, enfin nous pouvons prendre un café ensemble !

Mara : C'est vrai ! Je suis désolée mais j'ai dû beaucoup travailler le mois dernier parce que j'ai eu trois examens très difficiles.

C : Je te comprends parfaitement ! J'ai été très occupée aussi !

M : Et les examens ? Comment se sont-ils déroulés ? As-tu les résultats ?

C : J'ai juste le résultat d'un, j'ai fait plutôt bien ! J'ai eu 9 sur 10. Mais j'aurai les résultats des deux autres examens dans quelques jours. Et tu connais les tiens ?

M : Je pense que j'ai bien réussi. Mieux encore, je pense que j'ai fait les deux premiers très bien, je ne suis pas aussi sûre pour le dernier. J'aurai les résultats dans quelques semaines. Tu travailles toujours au glacier ?

C : Oui, j'y travaille toujours, mais seulement quelques heures par semaine ! En gros, je travaille le samedi soir et le dimanche soir. Et toi, que fais-tu ? Tu travailles toujours à la cafétéria ?

M : Oui, j'y travaille toujours. Mais, je pense arrêter d'y travailler. Tu sais que je suis assez occupée avec l'université. Pendant la semaine, les cours se terminent tard et le week-end, je dois lire mes notes, les modifier, créer des graphiques et étudier.

C : Je comprends, mais réfléchis bien. Je pense qu'il est bon de se distraire de ses études. Cela peut t'aider à gérer tes tâches. Au fait, je me disais qu'on se connaît depuis si longtemps !

M : Tu as raison, tant d'années Cristina ! Cette année, nous aurons 22 ans et nous nous sommes rencontrés à la maternelle, à l'âge de 3 ans.

C : Oui, on s'est rencontrées grâce à nos parents. Qui sait quand ils se sont rencontrés...

M : Je pense qu'ils se sont rencontrés à 20 ans aussi, avant d'avoir des enfants. Quand ta mère s'est fiancée avec ton père et ma mère avec mon père, elles avaient la vingtaine, si je ne me trompe pas, elles avaient 23 ans. Et tu sais, à cette époque, quand ils sortaient un samedi soir, ils sortaient au bal ou ils allaient à la cafétéria... ils se rencontraient comme ça !

C : C'est exact. Si je ne me trompe pas, quand ma mère s'est mariée, elle est allée vivre dans la rue Victoria, tu sais où c'est ?

M : Non, je ne sais pas.

C : C'est à côté de l'hôpital ! Et après un an de vie avec mon père, même tes parents y ont déménagé.

M : C'est exact ! Et si je ne me trompe pas, après quelques années, ton père et ta mère ont eu un bébé, ta sœur Eva.

C : C'est exact. Cinq ans après sa naissance, je suis née en mars et au même moment, ta mère est tombée enceinte de toi, et tu es née en octobre.

M : C'est vrai. Quel est le plus vieux souvenir que tu as de notre amitié ?

C : Je me souviens que sous notre porche, ton père nous a appris à faire du vélo sans petites roues.

M : Je m'en souviens aussi ! Nous lui avons fait très peur !

C : Oui, et on est tombé tellement de fois qu'on s'est fait mal ! Et de quoi d'autre te souviens-tu ?

M : Je me souviens de tant de choses sur notre amitié. Je me souviens qu'un jour, ma mère nous a emmenés à la banque, tu étais dans la poussette et je marchais. Évidemment, je me souviens de plus de choses quand nous avons grandi.

C : C'est évident. Nous nous sommes disputées et puis nous avons résolu nos disputes tant de fois.

M : C'est arrivé très souvent. Nous sommes très différentes. Je suis un peu irritable et tu es une personne très fière. Dans certains cas, je suis plus sage et tu es naïve, dans d'autres cas, c'est le contraire ! Si tu n'aimes pas quelque chose, tu le dis, au lieu de cela je suis plus calme et je me ferme.

C : Ces disputes nous ont aidé à nous comprendre et à nous connaître !

M : Bien sûr, tu te souviens quand nous faisions du vélo sur une pente et que nous sommes (évidemment) tombées ?

C : Bien sûr que je m'en souviens. C'était dans la rue à côté de l'hôpital. Nous nous sommes faits très mal !

M : Mais nous avons aussi de bons souvenirs. L'une de nos passions en été, c'était de nous promener dans les rues de notre ville, de bavarder, de rire et de plaisanter.

C : C'est vrai. Il ne faut pas oublier nos après-midis à la paroisse à regarder nos amis jouer au football.

M : Ou chaque fois que nous avons dit à Camilla d'apporter son appareil photo et que nous avons pris des photos du paysage, nous avons pris des photos d'elle et elle a pris des photos de nous ! Qui sait si Camilla a encore ces photos?

C : Je pense que oui. J'en ai quelques-unes, mais pas toutes. Nous devrions lui demander pour pouvoir en imprimer quelques-unes. De nos jours, il n'est pas si courant d'imprimer des photos, mais même si nous avons des téléphones portables où nous conservons des milliers de photos, nous devrions en imprimer quelques-unes de temps en temps.

M : Je suis bien d'accord avec toi, Cristina.

C : C'est très positif que notre amitié existe toujours, même si nous avons fréquenté des écoles différentes, y compris des universités.

M : Bien sûr, nous devrions en être fières.

C : Je me souviens encore de l'époque où ma sœur était heureuse de jouer avec nous. Nous jouions avec tout : des voitures, des poupées, nous jouions au volley-ball et nous nous maquillions.

M : Qui sait si cela amusait ta sœur !

C : C'est sûr qu'elle était très patiente.

M : Nous devrions demander à nos parents quelque chose d'amusant sur notre passé.

C : Je pense qu'ils se souviennent parfaitement du jour où nous sommes rentrées à la maison, où nous avons dit que nous nous étions disputés et qu'il semblait que nous nous détestions.

M : Je pense qu'ils ont de bons souvenirs de notre passé ! Ma mère se souviendra toujours de ta passion pour mes joues ! Tu aimais me caresser le visage et dire que j'avais des joues potelées.

C : Ahahaha, je ne m'en souvenais pas ! Bientôt ce sera mon anniversaire et ce serait une bonne idée d'organiser une fête d'anniversaire et d'inviter nos amis.

M : Tu parles de Marc, Fran, Simone... ?

C : Exactement. Je voudrais aussi inviter mes amis, toi, Camilla et mes amis de l'équipe de volley-ball ! Je veux tous vous inviter à dîner chez moi !

M : Bonne idée. J'espère que tout le monde pourra venir !

Friendship

Cristina: Hello Mara, finally we can have a coffee together!

Mara: That's right! I am sorry but I had to study a lot during the last month because I had three really difficult exams.

C: I perfectly understand you! I have been quite busy too!

M: What about the exams? How did they go? Do you have the results?

C: I just have the result of one, I did pretty good! I got 9 out of 10. But I'll have the results of the other two exams in a few days. And do you know about yours?

M: I think I did well. Better said, I think I did the first two very good, I'm not so sure about the last one. I'll have the results in a couple of weeks. Are you still working at the ice-cream shop?

C: Yes, I'm still working there, but just a few hours per week! Basically I work on Saturday night and on

Sunday evening. And what about you? Do you still work at the cafeteria?

M: Yes I still work there. However, I'm thinking about quitting. You know I am pretty busy with university. During the week, lessons end late and during the weekend I have to read my notes, I have to modify them, create charts and study.

C: I understand, but think about it. I think it is good to get distracted from your study. This can help you to manage your tasks. By the way, I was thinking that we have been knowing each other for so long!

M: You are right, so many years Cristina! This year we will be 22 and we met when we were in kindergarten, when we were 3.

C: We met thanks to our parents. Who knows when they met...

M: I think they met when they were 20 too, before they had children. When your mom got engaged with your dad and my mom got engaged with my dad, they were in their 20s, if I'm not wrong, they were 23. And you know, at that time when they went out on a Saturday night, they went out or to the cafeteria... they met this way!

C: Correct. If I am not wrong, when my mom got married she went to live in Victoria Street, do you know where is it?

M: No, I don't know.

C: It is next to the hospital! And after a year of living there with my dad, even your parents moved there.

M: Correct! And if I'm not wrong, after a few years, your dad and your mom had a baby, your sister Eva.

C: That's right. After 5 years from her birth, I was born in March and at the same time your mom got pregnant of you, you were born in October.

M: That's right. What the oldest memory you have about our friendship?

C: I remember that in our porch your dad taught us how to ride a bicycle without training wheels.

M: I remember that too! We scared him a lot!

C: Yeah, and we fell so many times and we hurt ourselves! And what do you remember?

M: I remember so many things about our friendship. I remember that, one day, my mom brought us to the bank, you were in the stroller and I was walking. Obviously, I remember more things when we grew up.

C: That's obvious. We have argued and then when have solved our arguments so many times.

M: That happened very often. We are very different. I am a little bit irritable and you are such a proud person. In some cases I am wiser and you are naive, in other situations it's the opposite! If you don't like something, you say it, instead I am quiter and I close myself.

C: Those arguments helped us to understand and get to know each other!

M: Sure. Do you remember when we were cycling on a slope and we (obviously) fell?

C: Of course I remember it. It was in the street next to the hospital. We hurt ourselves pretty bad!

M: But we also have good memories. One of our passions in summer was walking around in the streets of our city, and chat and laugh and joke.

C: That's right. Do not forget our afternoons at the parish looking at our friends playing football.

M: Or everytime we told Camilla to bring her camera and we took pictures of the landscape, we took pictures of her and she took pictures of us! Who knows if Camilla still has those pictures?

C: I think she does. I have some but nor all of them. We should ask her so we can print a few. Nowadays it is not so common to print photos, but even if we have mobile phones where we keep thousands of photos, we should print some of them every now and then.

M: I agree with you Cristina.

C: It's very positive that our friendship still exists even if we went to different schools, including universities.

M: Sure, we should be proud of it.

C: I still remember when my sister was happy to play with us. We played with everything: cars, dolls, we played volleyball and we put makeup on.

M: Who knows if your sister had fun!

C: For sure she was really patient.

M: We should ask our parents something fun about our past.

C: I think they perfectly remember when we came back home, when we said that we had a quarrel and it seemed that we hated each other.

M: I think they have good memories of our past! My mom will always remember your passion for my cheeks! You enjoyed caressing my face and saying that I had chubby cheeks.

C: Ahahaha, I didn't remember that! Soon it will be my birthday and it is a good idea to organize a birthday party and invite our friends.

M: Are you referring to Marc, Fran, Simone...?

C: Exactly. I would also like to invite my friends, you, Camilla and my friends of the volleyball team! I want to invite all of you for dinner at my house!

M: Good idea. I hope everyone can come!

Vocabulary

Enfin = Finally

Exam = Exam

Jolie = Pretty

Résultats = Results

Encore = Still

Glace = Ice-cream

Modifier = To modify

Maternelle = Kindergarten

Vivre = To live

À côté de = Next to

Parents = Parents

Faire mal = To hurt

Poussette = Stroller

Marcher = Walking

Évidement = Obviously

Banque = Bank

Difèrent = Different

Arguments = Arguments

Tant de fois = So many times

Irritable = Irritable

Plutôt = Instead

Moi-même = Myself

Ceux = Those

Pente = Slope

Tomber = To fell

Après-midi = Afternoon

Photos / images = Pictures

À propos = About

Passé = Past

Détester = To hate

Chaque / l'un et l'autre = Each other

9. Étude et origines

Florence, Italie

Flora : Bonjour, tu dois être mon nouveau colocataire ! Je m'appelle Flora.

Jan : Bonjour Flora, je m'appelle Jan, ravi de te rencontrer.

F : Ravie de te rencontrer également. D'après ton accent, je crois comprendre que tu n'es pas italien...

Jan : C'est exact, je suis en Italie pour un stage.

F : Ok, et d'où viens-tu ?

J : Je viens de la République Tchèque. J'ai vécu à Prague jusqu'à il y a deux ans. J'ai passé ma dernière année d'université en Irlande. Je suis revenu dans ma ville pour obtenir mon diplôme et après quelques jours, je suis reparti pour venir ici en Italie, à Milan.

F : Bonnes expériences. Et quel est ton travail ?

J : J'ai étudié le droit et maintenant je dois me former. Tu vois de quoi je parle ?

F : En fait, non, je ne sais pas.

J : Je vais t'expliquer. Après avoir obtenu ton diplôme de droit, tu ne peux pas commencer à travailler comme avocat ; tu dois travailler pendant dix-huit mois avec un autre avocat. Il te montre sur quoi il travaille et parfois tu peux même aller au tribunal pour assister à des procès. À l'issue de cette période, si tu es inscrit au registre des avocats, tu peux commencer à travailler dans le domaine que tu préfères.

F : C'est très compliqué. Et, où en es-tu maintenant dans le processus ?

J : J'ai fait la moitié de la formation et je prépare l'examen d'État pour l'inscription au registre des avocats.

F : Je comprends, je te souhaite bonne chance.

J : Et toi ? Es-tu italienne ?

F : Oui, je suis italienne, d'origine sicilienne, ma famille vit à Palerme.

J : Et tu as déménagé pour étudier ou pour travailler ?

F : J'ai déménagé pour étudier. Je vais à l'université et je fais des études d'ingénieur à Milan. Je pense que c'est l'une des meilleures universités d'Italie. Ils ont accepté ma candidature ici à Milan.

J : L'ingénierie... Je ne pense pas que ce soit facile. Quelle branche ?

F : Génie informatique.

J : Bien ! Et combien de fois par an vas-tu en Sicile pour rendre visite à ta famille ?

F : Pas si souvent, malheureusement. Pendant l'année, d'octobre à mai, j'ai des cours et je ne peux pas quitter Milan. Je peux aller les voir pendant les vacances, à Noël et à Pâques.

J : Ce sont les seules périodes où tu n'as pas de cours ?

F : En fait, non. Même en janvier et une partie de février et en été, je n'ai pas de cours, mais je dois profiter de ces mois pour me préparer aux examens. Au total, j'ai 8 examens chaque année : 4 en été et 4 en hiver.

J : Je te comprends parfaitement.

F : Et toi ? Vas-tu rendre visite à ta famille ?

J : Oui, j'essaie d'aller à Prague une fois par mois mais parfois je ne peux pas parce que je suis trop occupé. Ce mois-ci, je ne peux probablement pas y aller, j'irai pendant les vacances de Pâques.

F : Je comprends. Au fait, tu parles très bien l'italien. Tu l'étudies seul ?

J : Merci ! En fait non, je suis un cours dans une école internationale et je m'améliore lentement.

F : C'est sûr que le fait de travailler avec un avocat italien t'aide à améliorer ton niveau.

J : Bien sûr, même si pendant la journée nous parlons surtout de lois et que ce que j'apprends sont des termes juridiques.

F : Parles-tu d'autres langues que ta langue maternelle et l'italien ?

J : Au cours des années, j'ai vraiment bien appris l'anglais, puisque j'ai étudié en Irlande pendant un an. Ensuite, j'ai étudié le français pour apprendre les bases, c'est tout. Et toi ?

F : Tant de langues, félicitations ! Je ne suis pas très douée pour les langues. Je connais l'anglais de base, c'est tout. Je suis bonne en maths et en sciences, c'est la raison pour laquelle j'étudie l'ingénierie.

J : Compris. Avons-nous un autre colocataire ?

F : Oui, une fille. Elle est française et elle est ici pour une période d'étude à l'académie de mode de Milan. Tu pourras améliorer ton français !

J : Super ! Plein de cultures ensemble. Je n'ai jamais entendu parler de cette université...

F : C'est une université privée sur la mode. Au fait, Lorelle est une fille extravagante, elle sera de retour dans quelques minutes. J'espère que tu pourras la rencontrer !

Lorelle arrive

Lorelle : Bonjour ! Il y a quelqu'un ici ?

Flora : Bonjour Lorelle !

Jan : Bonjour, ravi de te rencontrer, je m'appelle Jan. Je suis le nouveau colocataire.

L : Lorelle, tout le plaisir est pour moi. Que fais-tu ici, tu étudies ou tu travailles ?

J : Je suis ici pour travailler dans le cadre d'un stage en tant qu'avocat. Flora m'a dit que tu étudies dans une université de mode.

L : Exact. J'ai toujours été fascinée par la mode et tu sais... Paris avec Milan et quelques autres villes sont les "capitales de la mode", j'ai donc décidé d'étudier ici.

J : Wow ! Quand auras-tu fini tes études ?

L : Bientôt... je suis en cinquième année d'université, j'ai 4 autres examens, la thèse et si tout se passe bien, je serai diplômée.

J : Profite de ces derniers mois d'université, le travail est complètement différent, nous travaillons tous les jours du lundi au vendredi (parfois même le samedi) et nous avons moins de vacances !

L : Tu as raison, mais quand on aime son travail, à la fin de la semaine, on est vraiment satisfait.

J : C'est vrai, je peux le confirmer. A la fin de la semaine, je suis vraiment fatigué, mais aussi satisfait.

F : Braves gens, je suis heureuse que vous vous soyez rencontrés. Je vais aller me reposer. Passez une bonne nuit, je vous verrai demain.

J,L : Bonne nuit, à demain !

Study and origins

Florence, Italy

Flora: Hello, you must be my new roommate! My name is Flora.

Jan: Hello Flora, my name is Jan. Nice to meet you.

F: Nice to meet you. From your accent I can understand that you are not Italian...

Jan: Correct, I am in Italy for an internship.

F: Good, where are you from?

J: I am from the Cech republic. I lived in Prague until two years ago. I spent my last year of university in Ireland. I came back to my city to graduate and after a few days I left again to come here to Italy, in Milan.

F: Good experiences. And what's your job?

J: I studied law and now I have to train. Do you know what I am talking about?

F: Actually no, I don't know.

J: I'll explain it to you. After graduating in law, you cannot start working as a lawyer; you have to work for eighteen months together with another lawyer. He will show you what he is working on and sometimes you can even go to the courthouse to participate in trials. At the end of this period, if you are part of the lawyers register, you can start working in the field you prefer.

F: It's very complicated. And, where are you now in the process?

J: I have done half of the training and I am studying for the State exam to enter in the lawyers register.

F: I understand, I wish you good luck.

J: And what about you? Are you Italian?

F: Yes I am Italian, with Sicilian origins, my family lives in Palermo.

J: And did you move to study or to work?

F: I moved to study. I go to University and I'm studying engineering in Milan. I think this is one of the best universities in Italy. They have accepted my application here in Milan.

J: Engineering...I don't think it is easy. Which branch?

F: Computer engineering.

J: Good! And how many times do you go to Sicily to visit your family?

F: Not so often, unfortunately. During the year, from October till May I have lesson and I cannot leave Milan. I can go visit them during holidays, at Christmas and Easter.

J: Are these the only periods that you don't have lessons?

F: Actually not. Even in January and part of February and in summer I don't have lessons, but I have to use these months to get ready for my exams. In total

I have 8 exams every year: 4 during summer and 4 during winter.

J: I understand you perfectly.

F: And, what about you? Are you going to visit your family?

J: Yes, I try to go to Prague once a month but sometimes I can't because I am too busy. Probably this month I can't go, I'll go during Easter vacations.

F: I see. By the way, you speak Italian very well. Are you studying it by yourself?

J: Thank you! Actually not, I am attending a course in an international school and I am slowly improving.

F: For sure the fact that you are working with an Italian lawyer is helping you improving your level.

J: Sure, even if during the day we mainly talk about laws and what I am learning are legal terms.

F: Do you speak other languages apart from your mother tongue and Italian?

J: During the years I have learned English really well, since I studied in Ireland for a year. Then I have studied French to learn the basis, that's it. And you?

F: So many languages, congratulations! I am not so good with languages. I know basic English, that's it. I am good at maths and science, that's the reason why I am studying engineering.

J: Understood. Do we have another roommate?

F: Yes, a girl. She is French and she is here for a period to study at the fashion academy in Milan. You can improve your French!

J: Great! Many cultures all together. I have never heard about this university...

F: It is a private university about fashion. By the way, Lorelle is an extravagant girl, she will be back in a few minutes. I hope you can meet her!

Lorelle arrives

Lorelle: Hello! Is anybody in here?

Flora: Hello Lorelle!

Jan: Hello, nice to meet you, I'm Jan. I am the new roommate.

L: Lorelle, my pleasure. What are you doing here, do you study or do you work?

J: I am here to work in an internship as a lawyer. Flora told me you study in a fashion university.

L: Correct. I have always been fascinated by fashion and you know... Paris with Milan and a few other cities are the "capitals of fashion" so I have decided to study here.

J: Wow! When will you finish to study?

L: Soon...I am attending the fifth year of university, I have other 4 exams, the thesis and if everything goes well, I'll graduate.

J: Enjoy these last months of university, work is completely different, we work every day from Monday to Friday (sometimes even on Saturdays) and we have less vacations!

L: You are right, but if you love your job, at the end of the week you are really satisfied.

J: That's true, I can confirm it. At the end of the week I am really tired but I'm also satisfied.

F: Good guys, I'm happy that you have met. I'll go get some rest. Have a good night; I'll see you tomorrow.

J,L: Good night, see you tomorrow!

Vocabulary

Ravi de te rencontrer = Nice to meet you

Stage= Internship

Maintenant= Now

Il y a deux ans = Two years ago

Dernière = Last

Emploi = Job

Période = Period

À gauche= To left

Expérience= Experience

Droit= Law

Ingénierie = Engineering

Vrai = True

Faux = False

Extravagant = Extravagant

Possibilité = Possibility

Chanceux= Lucky

Je peux = I can

Je peux y aller = I can go

Écouter = To Listen

D'accord = Agree

En désaccord = Disagree

10. Fête surprise

Madrid, Espagne

Ginevra : Viola, j'ai une idée géniale ! Mais j'ai besoin de ton aide pour la réaliser. J'aimerais organiser une fête surprise pour maman. La semaine prochaine, c'est son anniversaire et j'aimerais organiser une fête surprise juste pour elle. J'aimerais créer une soirée spéciale et inoubliable.

Viola : Tu as raison, Ginevra. Maman mérite quelque chose comme ça.

G : Veux-tu m'aider à préparer la fête ?

V : Bien sûr. Je vais t'aider. Tu as une idée ?

G : Nous pouvons inviter nos plus proches parents et ses amis du club de lecture. Nous devrions également appeler Anna. Sa meilleure amie ne peut pas manquer la fête. Je suis sûre qu'elle nous aidera aussi à l'organiser.

V : Oui, bien sûr. J'ai son numéro. Je peux l'appeler plus tard.

G : D'accord, donc tu t'en occupes.

V : Bien sûr, laisse-moi faire. As-tu une date en tête ?

G : Bien sûr, son anniversaire est vendredi prochain, donc nous pouvons le fêter vendredi soir.

V : Je pense que le samedi serait mieux, on peut rester debout plus longtemps et on n'a pas besoin de se lever tôt le lendemain.

G : Oui, alors faisons-le samedi.

V : En pensant à son cadeau, je choisirais un foulard ou une nouvelle robe.

G : Que penses-tu d'un parfum ? Quand nous étions ensemble en ville samedi dernier, elle a essayé le nouveau parfum de Gucci et elle l'adore. Je dois dire que je l'aime aussi.

V : D'accord, merci pour l'idée. Je préfère aussi acheter un parfum parce que ses amis lui ont offert une écharpe et une paire de gants à Noël dernier. C'est une idée assez simple, tu ne trouves pas ?

G : Oui, tu as raison. C'est mieux un parfum. Demain soir, je peux m'arrêter au centre commercial, j'ai vu qu'il y a de grosses réductions sur les parfums. Celui qu'elle aime est très cher et si on ne dépense pas trop, on peut même lui acheter des fleurs.

V : Bonne idée ! Maman adore les tournesols. Sa couleur préférée est le jaune.

G : Pourrais-tu lui acheter une carte d'anniversaire ? Je sais que je n'ai pas beaucoup d'idées quand il s'agit d'écrire quelque chose. Tu es bien meilleure que moi.

V : Bien sûr, ne t'inquiètes pas. J'ai déjà écrit quelque chose à inclure dans l'enveloppe que nous lui remettrons avec son cadeau, mais j'aimerais écrire un poème et le lire pendant la fête. Elle sera tellement heureuse ! Laisse-moi le faire !

G : D'accord, je te fais confiance. Nous avons donc déjà décidé des invités, nous avons choisi le cadeau et ce que nous allons écrire sur la carte. De quoi d'autre avons-nous besoin ?

V : Nous n'avons pas pensé au lieu de la fête. Nous pouvons faire de la place dans le salon ; nous pouvons déplacer la télévision et le canapé et mettre les chaises et la table pour les boissons et le gâteau.

G : Oh, on a oublié le gâteau ! La chose la plus importante pour un anniversaire !

V : Et les bougies ! Je connais une grande boulangerie au coin de la rue.

G : Je préfère commander le gâteau à la boulangerie où nous achetons habituellement les pâtisseries le dimanche.

V : Bon, on connaît déjà son gâteau préféré.

G : Oui, elle adore les gâteaux avec de la crème fouettée et des fraises.

V : Parfait ! Ce sera délicieux. Où penses-tu qu'elle aimerait être ? Devrions-nous louer un endroit ?

G : Je ne sais pas Viola. Mais j'aimerais inviter ses amis à la maison. L'atmosphère est plus privée et il sera facile de garder le secret. Je ne veux pas gâcher la surprise.

V : Tu as raison, je pense qu'elle aimera être à la maison, mais nous devons trouver un moyen pour qu'elle quitte la maison tout l'après-midi. De cette façon, nous pourrons ranger, préparer la nourriture et mettre en place les décorations. Tu sais, des ballons, des banderoles...

G : Ce n'est pas une fête pour les enfants ! Peut-être vaut-il mieux décorer avec des fleurs.

V : Oui, tu as raison, mais maman adore les ballons. Je pense qu'on peut acheter des ballons à l'hélium pour décorer le salon. Et des fleurs fraîches.

G : Ok, d'accord.

V : En parlant de nourriture. Je vais faire des sandwiches et je m'occupe des boissons.

G : Pourquoi ne pas plutôt faire appel à un service de restauration ? Ce sera mieux. Ils prépareront tout et nous n'aurons qu'à ranger le salon. De cette façon, la fête sera mieux et plus adaptée aux adultes, je pense que tout sera délicieux. Ils s'occupent même du vin et des autres boissons.

V : D'accord, je vais commencer à chercher sur Internet.

G : Bien, en attendant, je vais appeler quelques personnes. Tout d'abord, je vais appeler Anna pour lui demander de l'aide.

V : D'accord, dernière chose. Fixons une heure pour le début de la fête. Je dirais huit heures et demie.

G : Non, Viola, tous les invités doivent venir avant maman, faisons-le à 8 heures pour que maman arrive à 9 heures et il n'y aura pas de problème. Tu ne veux pas gâcher la surprise, n'est-ce pas ?

V : Bien sûr que non. Ok, petite sœur, retroussons nos manches et commençons à travailler!

Surprise party

Madrid, Spain

Ginevra: Viola, I have a great idea! But I need your help to do it. I would like to organize a surprise party for mom. Next week is her birthday and I would like to organize a surprise party just for her. I would like to create a special and unforgettable night.

Viola: You are right, Ginevra. Mom deserves something like that.

G: Would you like to help me with the preparation of the party?

V: Of course. I'll help you. Do you have any idea?

G: We can invite our closest relatives and her friends of the book club. We should also call Anna. Her best friend can't miss the party. I am sure she will also help us to organize it.

V: Yes, sure. I have her number. I can call her later.

G: Okay, so you take care of it.

V: Sure, let me do it. Do you have a date in mind?

G: Sure, her birthday is next Friday, so we can celebrate on Friday evening.

V: I think Saturday would be better, we can stay up longer and we do not have to wake up early the following day.

G: Yes, so let's do it on Saturday.

V: Thinking about her present, I would choose a scarf or a new dress.

G: What do you think about a perfume? When we were together downtown last Saturday, she tried the new perfume by Gucci and she loves it. I have to say that I like it too.

V: Okay, thank you for the idea. I also prefer to buy a perfume because her friends gave her a scarf and a pair of gloves last Christmas. It is a pretty simple idea, don't you think so?

G: Yes, you are right. Perfume is better. Tomorrow in the evening I can stop at the mall, I saw there are big discounts on perfumes. The one she likes is really expensive and if we don't spend so much, we can even buy her flowers.

V: Good idea! Mom loves sunflowers. Her favorite color is yellow.

G: Would you buy her a birthday card? I know that I don't have so many ideas when it's time to write something. You are much better than me.

V: Sure, don't worry about it. I have already written something to be included in the envelope we will give to her together with her present, but I would like to write a poem and read it during the party. She will be so happy! Let me do it!

G: Okay, I trust you. So we have already decided about the guests, we have chosen the present and what we'll write on the card. What else do we need?

V: We haven't thought about the place for the party. We can make room in the living room; we can move the TV and the couch and put the chairs and the table for the beverages and the cake.

G: Oh, we forgot the cake! The most important thing for a birthday!

V: And the candles! I know a great bakery on the corner.

G: I would prefer to order the cake from the bakery where we usually buy pastries on Sunday.

V: Okay, we already know her favorite cake.

G: Yes, she loves cream cake with whipped cream and strawberries.

V: Perfect! It will be delicious. Where do you think she would like to be? Should we rent a place?

G: I don't know Viola. I would like to invite her friends at home. The atmosphere is more private and it will be easy to keep the secret. I don't want to ruin the surprise.

V: I think that she will like to be at home, but we have to find a way to let her leave the house for the whole afternoon. That way, we can tidy up, we can prepare the food and set the decorations. You know, balloons, streamers...

G: It is not a party for children! Maybe it is better to decorate with flowers.

V: Yes, you are right, but mom loves balloons. I think we can buy some helium balloons to decorate the living room. And fresh flowers.

G: Okay, agreed.

V: Talking about food. I'll make sandwiches and I'll take care of the drinks.

G: Why don't we call a catering service instead? It will be better. They'll prepare everything and we will only have to tidy the living room. That way the party will be better and more suitable for adults, I think everything will be delicious. They even take care of the wine and other beverages.

V: Okay, I'll start looking on the Internet.

G: Good, meanwhile I'll call some people. First of all, I'll call Anna to ask for help.

V: Okay, last thing. Let's set a time for the beginning of the party. I would say eight thirty.

G: No, Ginevra, all guests have to come before mom, let's do it at 8 so we can make mom arrive at 9 and there will be no problem. You don't want to ruin the surprise, right?

V: Of course I don't. Okay, sister, let's roll up our sleeves and let's start working!

Vocabulary

Parents = Relatives

Club de lecture = Reading club

Centre commercial = Shopping mall

Foulard = Scarf

Tenue = Dress

Fleurs = Flowers

Jaune = Yellow

Tournesols = Sunflowers

Poème = Poem

Boissons = Beverages

Gâteau = Cake

Bougies = Candles

Boulangerie = Bakery

Fraises = Strawberries

Atmosphère = Atmosphere

Ranger = Tidy up

Frais = Fresh

Au lieu de cela = Instead of

Délicieux = Delicious

Vin = Wine

Invité = Guest

Ruiner = To ruin

Surprise = Surprise

11. Tournoi

Université de Paris, France

Luca : Nicola, nous organisons un tournoi de charité à l'université.

Nicola : Oui, Luca. C'est Alex qui me l'a dit. Il m'a parlé de ton initiative, je la trouve merveilleuse. J'aimerais aider.

L : Merci. J'apprécie vraiment, c'est toujours positif quand quelqu'un veut aider. Tu sais, nous travaillons tous ensemble pour collecter des fonds afin d'acheter de nouveaux équipements médicaux pour le service pédiatrique de l'hôpital.

N : J'en ai entendu parler. Comment puis-je t'aider ? Je le ferai avec plaisir.

L : Tout d'abord, nous recueillons les adhésions des personnes qui veulent participer au tournoi. Ensuite, nous devons analyser ce nombre pour savoir combien de jours nous devrions louer le lieu où se déroulera le tournoi. Nous devons louer les structures, le terrain de volley-ball et le terrain de football, en fonction du nombre de participants.

N : Très bien. Combien de jours cela va-t-il durer ? Louons les installations pour toute la semaine, nous devons organiser de nombreux matches si tous les participants veulent jouer.

L : Oui, je pense qu'il nous faudra au moins une semaine, car nous avons recueilli déjà beaucoup d'adhésions. Beaucoup d'étudiants veulent jouer au volley-ball, nous pourrions avoir deux tournois différents, une compétition féminine et une compétition masculine ou une compétition mixte.

N : Je préfère l'idée d'une compétition mixte parce que c'est plus drôle et que nous n'aurons pas à former des équipes différentes.

L : En fait, en parlant de volley-ball, nous avons déjà suffisamment de personnes pour créer une compétition entre hommes et un entre femmes. Si d'autres personnes veulent participer, nous créerons en plus une compétition mixte.

N : Je pense que c'est parfait. Et qu'en est-il des matchs de football ? Je pense qu'il n'y aura pas de problèmes pour trouver des garçons mais il est toujours difficile de trouver des filles qui veulent jouer au football.

L : Cela va te paraître étrange, mais nous organisons un tournoi pour les filles aussi. Beaucoup de filles de l'université m'ont dit qu'elles voulaient jouer. Je pense que nous aurons assez de filles pour créer des équipes féminines. Nous pouvons faire un mini tournoi avec trois équipes.

N : Super ! Je ne savais pas qu'il y avait autant de filles intéressées par le sport à l'université.

L : Oui, c'est l'esprit d'équipe. Il n'est pas nécessaire d'être un professionnel pour participer à un tournoi de charité. Nous le faisons pour nous amuser et pour collecter des fonds.

N : Bien sûr.

L : Peux-tu nous aider en diffusant cette nouvelle ?

N : Bien sûr, bien sûr. Dès que j'en ai entendu parler, j'ai commencé à me renseigner, auprès de mes amis, de collègues que je ne connais pas. Ils semblent intéressés et ont demandé plus d'informations.

L : Très bien, nous allons leur parler, pas de problème. J'ai appelé de nombreux étudiants et j'ai remarqué qu'ils travaillent dur pour nous aider. J'ai reçu de nombreuses adhésions et j'ai également convaincu Greta de participer au tournoi de football. Tu sais, elle n'est pas très douée pour le sport mais elle a dit qu'elle pouvait le faire pour un tournoi de charité.

N : C'est la bonne approche ! J'ai une idée. Si nous ne pouvons pas organiser un tournoi de football féminin, nous pouvons organiser un tournoi de football à cinq. Chaque équipe aura cinq joueurs et nous pourrons programmer plus de matches.

L : C'est une merveilleuse idée. Mais nous devons louer le terrain pour deux ou trois jours supplémentaires.

N : Non, je ne pense pas que ce soit nécessaire. Il suffira de prévoir deux matches le matin et deux matches l'après-midi, ce qui nous évitera de louer le terrain pendant deux jours supplémentaires.

L : Tu as raison. Nous pouvons faire des économies sur la location.

N : Nous pourrions peut-être demander une réduction sur la location ? Ce n'est pas la première fois que nous y allons pour jouer et probablement que si les propriétaires savaient que nous organisons un tournoi de charité, ils accorderaient une réduction.

L : Je n'en suis pas si sûr, mais nous pouvons essayer.

N : D'accord. Que faut-il faire d'autre ? As-tu déjà fixé les frais de participation?

L : Pas encore. Nous devons tenir compte des coûts de location du terrain, de la restauration après les matches et de la fête finale. Nous avons pensé à organiser une vente de rafraîchissement pour tous les participants après les matches afin de collecter plus de fonds.

N : Je ne sais pas, Luca. Tu crois que c'est une bonne idée ? Je pense qu'il serait préférable d'organiser une fête le dernier soir, lorsque tous les matchs seront terminés et que nous aurons envie de faire la fête et de manger quelque chose ensemble.

L : Très bien. Nous organiserons la fête à la fin du tournoi. Une fois que nous aurons rassemblé toutes les participations, nous pourrons décider de ce que nous allons acheter à manger et à boire. Et je pensais les laisser payer un prix fixe pour la nourriture. Nous pouvons préparer un apéritif pour clôturer le tournoi.

N : Parfait, je pense que c'est la meilleure décision. Nous pouvons prendre l'apéritif à l'université, au premier étage, là où il y a un grand espace que nous pouvons utiliser pour le buffet, les tables et les chaises. C'est une alternative dans les locaux de l'université où nous passons la plupart de notre temps pour les cours et les examens.

L : J'aime beaucoup l'idée de rester dans notre université pour utiliser l'espace même après les cours.

N : Et, je me disais, pourquoi ne pas ouvrir le rafraîchissement aux personnes qui ne participent pas au tournoi ?

L : Bien sûr, tout le monde peut participer. Faisons-le comme ça.

N : Parfait.

L : Pour résumer. Nous devons décider d'un prix pour ceux qui veulent participer au tournoi, du prix du billet pour ceux qui veulent regarder le match et du prix de la petite fête finale. Je pense que c'est tout.

N : Eh bien, non. Nous devons penser à louer le matériel. Je ne pense pas que les balles et le filet soient déjà disponibles. Il est certain que l'établissement dispose de l'équipement nécessaire.

L : Je pense que oui. Il faut demander. Au fait, comment fait-on pour la collecte d'argent ?

N : À l'hôpital, certains médecins ont créé un compte bancaire où les gens peuvent déposer de l'argent. Nous pouvons percevoir les fonds et ensuite déposer le montant sur le compte de l'hôpital.

L : Très bien, commençons à travailler dessus.

N : On oublie une chose. Nous devons demander la présence d'un service médical pendant les compétitions, d'autant que le but initial est de collecter de l'argent pour l'hôpital. Je pense qu'ils devraient être présents pendant le tournoi.

L : Oui, absolument. Nous devons donc contacter les associations bénévoles qui veulent être présentes pendant les matches pour garantir un service de premiers secours en disposant d'un défibrillateur, pendant toute la semaine.

N : Tu as raison, nous devons assurer la sécurité de tout le monde. Nous allons donc contacter les associations pour évaluer laquelle est la plus pratique. Maintenant, je dois y aller, si tu trouves quelque chose qui pourrait être utile, tu sais où me trouver.

L : D'accord, à bientôt.

N : A bientôt.

Tournament

University of Paris, France

Luca: Nicola, we are organizing a charity tournament at university.

Nicola: Yes, Luca. Alex told me that. He told me about your initiative, I think it is wonderful. I would like to help.

L: Thank you. I really appreciate it, it's always positive when someone wants to help. You know, we are working all together to collect funds in order to buy new medical equipment for the pediatric ward of the hospital.

N: I heard about it. How can I help? I'll do it with pleasure.

L: First of all, we are collecting the adhesions of people who want to participate in the competition. Then, we have to analyze the number to understand how many days we should rent the place where the competition will take place. We have to rent the structures, the volleyball court and the football field, according to the number of participants.

N: All right. How many days will it last? Let's rent the facilities for the whole week, we have to organize many matches if all participants want to play.

L: Yes, I think we'll need a week at least, because we have collected so many adhesions so far. Many students want to play volleyball, we could have two different matches, a female competition and a male competition or a mixed one.

N: I prefer the idea of a mixed competition because it is funnier and we won't have to form different teams.

L: Actually, talking about volleyball, we have enough people to create a female and a male competition. If other people want to participate, we will create a mixed competition.

N: I think it is perfect. And, what about the football matches? I think there won't be problems in finding guys but it's always difficult to find girls that want to play football.

L: It will sound strange but we are organizing a tournament for girls too. Many girls from university told me they want to play. I think we will have enough girls to create female teams. We can make a mini tournament with three teams.

N: Great! I didn't know there were so many girls interested in sport at university.

L: Yes, it is the team spirit. You don't have to be a professional to participate in a charity tournament. We do it to enjoy ourselves, and to collect funds.

N: Sure.

L: Can you help us by spreading this news?

N: Sure, of course. As soon as I heard about it, I started asking around, to my friends, to colleagues I don't know. They seem interested and they asked for more information.

L: Very good, We will talk with them, no problem. I have called many students and I have been noticing that they are working hard to help us. I have received many adhesions and I have also convinced Greta to participate in the football tournament. You know, she is not capable at all but she said she can do it for a charity tournament.

N: This is the right approach! I have an idea. If we won't be able to organize a female football tournament, we can organize a five-a-side football tournament. Every team will have five players and we can schedule more matches.

L: It is a wonderful idea. But we have to rent the field for two or three additional days.

N: No, I don't think it is necessary. It will be enough to schedule two matches in the morning and two matches in the afternoon, so we can avoid renting the field for two additional days.

L: You are right. We can save money on the rental.

N: What do you think? Should we ask for a discount on the rental? It is not the first time we are going there to play and probably, if the owners knew we are organizing a charity tournament, they would give a discount.

L: I am not so sure about that, but we can try.

N: Okay. What else should we do? Have you already set the participation fee?

L: Not yet. We have to consider the costs for the field rental, the catering after the matches and the final party. We were thinking about organizing a refreshment for all participants after the matches in order to collect more funds.

N: I don't know Luca. Do you think it is a good idea? I think it would be better to organize a party on the last evening, when all matches will be over and we will want to celebrate and eat something together.

L: All right. We will organize the party at the end of the tournament. Once we have collected all the participations, we can decide what to buy to eat and to drink. And I was thinking about let them pay a fixed fee for food. We can prepare an appetizer to close the tournament.

N: Perfect, I think it is the best decision. We can have the appetizer at university, at the first floor, where there is a huge space that we can use for the buffet, the tables and the chairs. It is an alternative at university facilities where we spend most of our time for lessons and exams.

L: I really like the idea of staying at our university to use the space even after the lessons.

N: I was thinking, why don't we open the refreshment to people that do not participate in the tournament?

L: Of course, anyone can participate. Let's do it.

N: Perfect.

L: To sum up. We have to decide a fee for who wants to participate to the tournament, the price of the ticket for who wants to watch the match and the price for the final small party. I think that's all.

N: Well, no. We have to remember to rent the equipment. I don't think that the balls and the net are already available. For sure, the facility has the necessary equipment.

L: I think so. We have to ask. By the way, what do we do to collect the money?

N: At the hospital, some doctors have created a bank account where people can deposit money. We can collect the fees and then we can deposit the amount on the IBAN of the hospital.

L: Very good, let's start working on it.

N: We were forgetting one thing. We have to request the presence of an ambulance during the competitions and even because the initial goal is to collect money for the hospital. I think they should be present during the tournament.

L: Yes, absolutely. So we have to contact voluntary associations that can be present during the matches to guarantee first aid service by having a defibrillator during the whole week.

N: You are right; we have to ensure safety for everybody so we will contact the associations to evaluate which one is more convenient. Now I have to go, if you come up with something that may be useful, you know where you can find me.

L: Okay, talk to you soon.

N: Talk to you soon.

Vocabulary

Charité = Charity

Toujours = Always

Compétition = Competition

Louer = To rent

Match = Match

Étrange = Strange

Équipe = Team

Nous-mêmes = Ourselves

Pour collecter = To collect

Fonds = Funds

Nouvelles = News

Pas de problème = No problem

Football = Football

Baby-foot = Foosball (foosball)

Argent = Money

Remise = Discount

Pourtant / encore = Yet

Pas encore = Not yet

Faisons-le = Let's do it

Pour résumer = To sum up

Équipement = Equipment

Hôpital = Hospital

Association = Association

12. Week-end

G : Béatrice ! Quelle surprise ! Je ne m'attendais pas à te voir dans cette partie de la ville.

B : Bonjour Giulio ! Tu sais, je ne viens pas souvent ici, mais ce matin je devais aller au marché, c'est pour ça que je suis là. Comment vas-tu ?

G : Je vais bien, et toi ?

B : Je vais bien aussi.

G : Il y a quelques jours, j'ai pensé à toi. Je voulais t'appeler pour te demander si tu voulais qu'on fasse un petit voyage ensemble le week-end prochain.

B : C'est une excellente idée !

G : Génial, je suis si content !

B : Moi aussi. Le dernier voyage que j'ai fait il y a quelques semaines n'a pas été très agréable pour de nombreuses raisons.

G : Pourquoi ? Que s'est-il passé ?

B : En fait, rien de grave, mais j'ai eu quelques problèmes. J'ai fait une réservation dans une petite maison à la campagne pour passer quelques jours avec ma collègue Silvana. Nous avions besoin de nous détendre, de recharger nos batteries avant de revenir travailler. Malheureusement, dès le début, certaines choses ont mal tourné.

G : Dis-moi, je suis curieux. Ça ne doit pas être si terrible.

B : Tout d'abord, le temps était mauvais tout le temps quand nous étions là-bas. Ma collègue vit à Londres depuis de nombreuses années, elle est donc habituée à la pluie et au ciel nuageux. Quant à moi, j'aime le soleil et les températures chaudes, donc je n'ai pas trop apprécié. Dieu merci, elle est très amicale et elle peut minimiser les situations les plus compliquées.

G : Je sais, je te connais bien. Que s'est-il passé d'autre ?

B : De nombreux événements inattendus. Nous sommes partis avec ma voiture et à un moment, on a entendu un grand bruit et une fumée noire sortait du capot. Nous avons dû appeler une dépanneuse, le générateur est tombé en panne et nous avons dû laisser la voiture au mécanicien et louer une autre voiture pour nous rendre à la maison de campagne. C'était très cher, mais nous voulions vraiment arriver à notre destination et profiter du séjour.

G : C'est de la malchance et une perte de temps.

B : Attends, ce n'est pas tout. Nous sommes arrivés à la maison de campagne à bout de souffle. Et en plus, ils nous ont dit qu'ils n'avaient pas enregistré notre réservation. Ils ont perdu beaucoup de temps parce qu'ils ont dû enregistrer tous nos documents. Nous étions vraiment bouleversées, mais au moins nous avons résolu le problème.

G : Bien, d'autres événements inattendus ?

B : Oui, malheureusement. Bien sûr, quand nous sommes arrivés, il était trop tard pour le dîner. Ils nous ont dit qu'ils ne pouvaient pas nous servir le dîner parce que la cuisine était déjà fermée, ils ne nous ont pas donné d'options et ils ne nous ont pas aidés à trouver un autre endroit où aller manger.

G : Ils n'étaient pas professionnels, ils auraient dû vous attendre ou au moins vous donner le nom des restaurants du coin. Qu'avez-vous fait alors ?

B : Nous avons pris la voiture pour essayer de trouver un endroit à proximité. Heureusement, nous avons trouvé un restaurant typique et la nourriture était délicieuse. Le dîner était excellent : nous avons mangé des plats délicieux avec des truffes.

G : Je sais que tu aimes la bonne nourriture. Au moins, la soirée s'est terminée par un bon dîner.

B : Je dois admettre que c'était la meilleure partie de la journée. En fin de compte, nous devons voir le côté positif de tout cela.

G : Bien sûr. Et le reste des vacances ?

B : En fait, ma collègue et moi nous sommes beaucoup amusées. Ce n'était pas parfait mais nous avons apprécié les vacances même si ce n'était pas la bonne température pour être à l'extérieur. Nous étions immergées dans la nature, tu sais, dans cette région c'est plein de bois et nous avons marché sur des chemins dans la forêt, en profitant des moments sans pluie.

G : Le reste des vacances s'est donc bien passé ?

B : Oui, c'était le cas. C'était des vacances mémorables.

G : Je suis heureux qu'au moins, cela ait été une bonne expérience de se détendre et de mieux se connaître.

B : C'est vrai, nous avons décidé de partir pour une autre aventure ensemble dès que possible, quand nous pourrons demander quelques jours de congé.

G : C'est une excellente idée. En parlant de nous, que faisons-nous ce week-end ? Pouvons-nous passer quelques jours ensemble comme nous le faisions dans le passé ? Si ce n'est pas possible, nous pouvons le faire la semaine prochaine.

B : Je préférerais cette semaine. Samedi prochain, ce sera l'anniversaire d'Elena, nous pourrons donc organiser un voyage hors de la ville et le fêter avec elle et ses amis. Cherchons un endroit pas trop loin d'ici, peut-être une ferme ou une maison de campagne, nous pourrons y manger et y passer la nuit.

G : Bonne idée ! Mais, des vacances paisibles.

B : Bien sûr, nous avons tous besoin de nous détendre.

G : La meilleure chose serait une location avec une piscine et un spa.

B : Parfait. D'accord.

G : Nous pouvons même demander à Chiara et Alessandro s'ils veulent venir avec nous. Cela fait longtemps que nous ne les avons pas vus et je serai heureux de passer un peu de temps avec eux.

B : Oui, ils sourient toujours et ils sont toujours heureux. Je leur ai parlé il y a quelques semaines pour savoir comment ils vont, mais je ne les ai pas vus depuis des semaines.

G : Je les appellerai plus tard parce que pendant la semaine, ils ne sont libres que le soir.

B : Bien sûr, comme tu veux.

G : Penses-tu que devrions-nous appeler Ludovica et Giuseppe ?

B : Je ne sais pas, ils préfèrent un autre type de vacances. On peut organiser une semaine en août, ils adorent la plage.

G : D'accord, nous serons avec eux en août.

B : Mes amis de l'université viendront aussi, Nadia, Chiara et Francesca. Nous en avons déjà parlé, nous avons décidé de passer les vacances d'été en août ensemble, comme nous le faisons normalement chaque année.

G : Je connais Nadia et Chiara. Mais je ne connais pas Francesca.

B : Tu ne connais pas Francesca ? C'est la fille aux cheveux blonds et aux yeux marrons.

G : Je ne l'ai jamais vue, tu me la présenteras.

B : Bien sûr, c'est une fille intelligente et elle est aussi très sympathique.

G : Tu sais, je me disais que Nadia n'aime pas la plage. Elle déteste le sable quand il fait trop chaud. On peut choisir un endroit avec des rochers. Et le 15 août, quand il y a habituellement beaucoup de touristes, nous pouvons faire une excursion et profiter de vues magnifiques pour éviter les plages bondées.

B : Je ne sais pas, je ne pense pas que ce soit une bonne idée Giulio. La plupart des gens ou des amis préfèrent la plage. Mais appelons-les pour qu'on puisse décider ensemble. Je pense toujours que la plage est le meilleur choix.

G : Tu as raison. Si quelqu'un n'aime pas s'allonger sur une serviette sur le sable, nous pouvons louer des transats et des parasols pour tout le monde, et nous serons aussi plus à l'aise.

B : Bien sûr, c'était évident pour moi. Il faut penser à appeler à l'avance car tout le monde voyage vers le 15 août.

G : Bien sûr, nous devons prendre une décision le plus rapidement possible. Maintenant, concentrons-nous sur notre week-end de la semaine prochaine.

B : Ok, je vais faire une liste de choses à faire parce que je suis sûr que j'oublierai quelque chose.

G : Oui, je pense que c'est mieux. J'écris toujours la liste des choses à faire. Par exemple, quand je vais à l'épicerie, si je n'ai pas de liste, je suis sûr que j'oublierai d'acheter les articles les plus importants.

B : C'est la même chose pour moi. La première chose à faire est donc de décider des jours du voyage et de vérifier la disponibilité de nos amis. Ensuite, nous déciderons si nous voulons voyager en voiture ou en train.

G : Nous irons en voiture, comme ça, quand nous arriverons, nous serons libres d'explorer les environs.

B : D'accord, je pense que nous devrions être 12. Si quelqu'un ne peut pas venir, je pense que nous aurons besoin de 2 voitures.

G : Oui, 2 ou 3 voitures. Je voudrais demander à Marianna si elle veut venir avec nous. Nous ne la connaissons pas beaucoup et c'est l'occasion de lui présenter nos amis et de faire encore plus connaissance.

B : Je sais, elle est vraiment adorable. Appelons-la, j'espère qu'elle dira oui.

G : Je l'espère, elle est très sympa.

B : Bon, commençons par la liste des personnes. Ce sera toi, Marianna, moi...

G : Attends, je suis en train d'écrire. Et ce n'est que la première liste que nous faisons pour organiser notre voyage.

G : Heureusement, ce n'est qu'un voyage de deux jours, sinon un papyrus ne suffira pas.

B : Tellement drôle...

G : Ne sois pas contrariée.

B : Bien sûr que non.

G : Je veux juste me moquer de toi. Tu tombes toujours dans le piège !

Weekend

G: Beatrice! What a surprise! I was not expecting to see you in this part of the city.

B: Hello Giulio! Well you know, I don't often come here, but this morning I had to go to the market, that's why I am here. How are you?

G: I am fine, and you?

B: I'm fine too.

G: Some days ago, I thought about you. I wanted to call you to ask you if you want to go on a short trip together next weekend.

B: It is a great idea!

G: Great, I am so happy!

B: Me too. The last trip I did a few weeks ago was not so pleasant for many reasons.

G: Why? What happened?

B: Actually, nothing serious, but I had a few problems. I made a reservation in a small country house in the countryside to spend a few days with my colleague Silvana. We needed to relax and recharge our batteries and come back to work stronger. Unfortunately, starting from the beginning some things went wrong.

G: Tell me, I am curious. It couldn't be so bad.

B: First of all, the weather was bad all time when we were there. My collegue has lived in London for many years so she is used to the rain and to cloudy skies. Instead, I love the sun and warm temperatures, so I didn't enjoy it too much. Thank God she is very friendly and she can minimize the most complicated situations.

G: I know, I know you well. What else happened?

B: Many unexpected events. We left with my car and at a certain point we heard a big noise and black smoke was coming out from the hood. We had to call a tow truck, the generator failed and we had to leave the car to the mechanic and rent another car to get to the country house. It was really expensive, but we really wanted to get to our destination and enjoy the stay.

G: That's bad luck and a waste of time.

B: Wait, that's not all. We arrived at the country house out of breath. And on top of that, they told us that they had not registered our reservation. They wasted a lot of time because they had to register our documents for the check in. Oh well, we were really upset but at least we solved the problem.

G: Good, other unexpected events?

B: Yes, unfortunately. Of course when we arrived it was late for dinner. They told us that they couldn't serve us dinner because the kitchen was already closed, they didn't give us options and they didn't help us finding another place to go eat.

G: They weren't professional, they should had waited for you or at least they should have told you the name of restaurants in the area. So what did you do then?

B: We took the car to try to find a place nearby. Luckily we found a typical restaurant and the food was delicious. The dinner was great and we ate delicious dishes with truffles.

G: I know you like good food. At least the evening ended with a great dinner.

B: I have to admit that that was the best part of the day. In the end, we have to see the positive side of everything.

G: Sure. What about the rest of the holyday?

B: Actually my colleague and I had a lot of fun. It wasn't perfect but we enjoyed the vacation even if it wasn't the right temperature to be outdoor. We were immersed in the nature, you know in that area it's full of woods and we walked paths in the forest, taking advantage of the moments with no rain.

G: So the rest of the holiday was okay?

B: Yes, it was. It was a memorable vacation.

G: I am happy that at least it has been a good experience to relax and get to know each other better.

B: That's true, we have decided to leave for another adventure together as soon as possible, when we will be able to ask for some free days.

G: That's a great idea. Talking about us, what do we do this weekend? Can we spend a couple of days together like we used to do in the past? If not possible, we can do it the following week.

B: I'd prefer this week. Next Saturday is going to be Elena's birthday so we can organize a trip out of the city and celebrate with her and her friends. Let's look for a place not so far from here, maybe a farm or a country house, we can eat there and stay a couple of nights.

G: Good idea! But, a peaceful vacation.

B: Of course, we all need to relax.

G: The best thing would be a facility with a pool and a spa.

B: Perfect. They will agree.

G: We can even ask Chiara and Alessandro if they want to come with us. It's been a long time since we saw them and I'll be happy to spend some time with them.

B: Yes, they always smile and they are always happy. I talked to them a few weeks ago asking how they are doing but I haven't seen them for weeks.

G: I'll call them later because during the week they are free only in the evening.

B: Sure, I'll call them in the evening.

G: What do you think, should we call Ludovica and Giuseppe?

B: I don't know, they prefer another type of vacation. We can organize a week in August, they love the beach.

G: Okay, we will be with them in August.

B: My friends from the university will come too, Nadia, Chiara and Francesca. We've already talked about it, we have decided to spend the summer holidays in August together, as we normally do every year.

G: I know Nadia and Chiara. But I don't know Francesca.

B: Don't you know Francesca? She is the girl with blond hair and brown eyes.

G: I have never seen her, you'll introduce her to me.

B: Of course, she is a smart girl and she is very friendly too.

G: You know, I was thinking that Nadia doesn't love the beach. She hates the sand when it's too hot. We can choose a place with rocks. And on August 15th, when it is usually full of tourists, we can do an excursion and enjoy wonderful views and avoid crowded beaches.

B: I dont' know, I don't think it's a good idea Giulio. Most of or friends prefer the beach. But let's call them so we can decide together. I still think that the beach is the best choice.

G: You are right. If someone doesn't like lying down on a towel on the sand we can rent sunbeds and umbrellas for everyone, and we will also be more comfortable.

B: Sure, It was obvious for me. We have to remember to call in advance because everyone travels around the 15th of August.

G: Sure, we have to decide as soon as possible. Now let's focus on our weekend for next week.

B: Ok, I'll make a list of things to do because I'm sure I'll forget something.

G: Yes, I think it's better. I always write down the list of the things to do. For example, when I go to the grocery store, if I don't have a list, I'm sure I'll forget to buy the most important items.

B: It's the same for me. So the first thing to do is deciding the days of the trip and check the availability of our friends. Then, we will decide if we want to travel by car or by train.

G: We will go by car, so when we will arrive we will be free to explore the surrounding area.

B: Okay, I think there should be 12 of us. If someone cannot come, I think we'll need 2 cars.

G: Yes, 2 or 3 cars. I would like to ask Marianna if she wants to come with us. We don't know her so much and this is the right chance to introduce our friends and get to know each other even more.

B: I know, she is really adorable. Let's call her, I hope she'll say yes.

G: I hope so, she is really friendly.

B: Okay, let's start with the list of people. It will be you, Marianna, me…

G: Wait, I am writing. And this is only the first list we are making in order to organize our trip.

G: Luckily it's just a two-day trip, otherwise a papyrus won't be enough.

B: So funny...

G: Don't be upset.

B: Of course I am not.

G: I just want to make fun of you. You always fall in the trap!

Vocabulary

Souvent = Often

Je l'ai fait = I did

Campagne = Countryside

Fort = Strong

Plus fort = Stronger

A partir de = Starting from

Chaud = Warm

Température = Temperature

Destination = Destination

Chance = Luck

Gâchis = Waste

Perte de temps = Waste of time

Résoudre = To solve

Options = Options

Professionnel = Professional

Peut-être = Maybe

Piscine = Pool

Blond = Blond

Intelligent = Smart

Amical = Friendly

Parce que = Because

J'attends = I'm waiting

13. Musique

Mexique.

Luis : Paola, même si je t'ai rencontrée il y a des mois, je ne t'ai pas encore demandé quelle est la musique que tu écoutes, ton chanteur préféré ou ton groupe préféré...

Paola : C'est vrai, Luis, nous n'en avons pas parlé, alors que nous nous connaissons bien. Ce qui est étrange, c'est qu'il n'y a pas de réponse précise. J'aime la musique en général. Mais si tu as le temps et que tu veux m'écouter, je peux tout t'expliquer.

L : Je ne m'attendais pas à une telle réponse Paola, mais bien sûr, je t'écouterai. Je suis très curieux !

P : Je voudrais commencer par dire que le seul genre de musique que je n'aime pas du tout, c'est le heavy metal. Je pense que ce type de musique est un gâchis, je ne peux pas l'apprécier. Ce que j'aime, c'est le texte d'une chanson, comment puis-je le faire avec des chansons de heavy metal si je ne peux pas comprendre un mot de ce qu'elles disent !

L : Tu as raison... Je n'aime pas ça non plus.

P : Un genre que j'aime, c'est le rock. Je ne connais pas les compilations de rock les plus célèbres mais je connais les chansons les plus célèbres !

L : Donne-moi un exemple Paola, voyons si je suis d'accord avec toi.

P : Par exemple *Smell like teen spirit* de Nirvana, ou *Satisfaction* des Rolling Stones ou *Sweet child O' Mine* de Guns N' Roses.

L : Bien sûr, je suis d'accord avec toi. Ce sont des chansons des années 70 et 80 et même après 50 ans, les jeunes écoutent toujours ces chansons et elles sont encore diffusées à la radio.

P : C'est vrai. Le groupe que j'écoute le plus, c'est certainement Queen. Je pense que chaque chanson qu'ils ont faite est fantastique et je connais tous les musiciens du groupe. Si j'avais eu la possibilité d'aller à un concert dans les années 80, j'aurais choisi Queen, c'est sûr.

L : Je pense qu'ils sont géniaux. Freddy Mercury était une personne révolutionnaire, il était très extravagant et unique. Je pense qu'il est très difficile de trouver des artistes comme lui aujourd'hui.

P : Je le pense aussi. J'écoute aussi du rap américain.

L : Du rap des années 80 et 90 ou du rap moderne ?

P : Disons les deux, j'écoute beaucoup d'artistes modernes par rapport à la génération précédente.

L : Je te le demande parce que j'aime Notorious BIG, Tupac et Ice Cube. Ils ont créé la base du rap américain et malheureusement, plus le temps passe, plus nous perdons la tradition.

P : Je pense que c'est normal, les temps changent et les gens changent leur façon de s'exprimer. J'adore la chanson de Tupac *All eyez on me*. Sans parler d'Eminem... il a commencé à faire de la musique alors que la carrière des autres chanteurs avait déjà commencé, aujourd'hui il fait encore des albums et des chansons qui sont à mon avis fantastiques.

L : Sais-tu que je suis l'un des rares Mexicains à avoir pu obtenir un billet pour son concert à New York en 2017 ?

P : Tu as eu beaucoup de chance ! Comment cela s'est-il passé ?

L : Passionnant mais aussi fatiguant. C'était mi-juillet et pour obtenir les places, nous avons passé une demi-après-midi sous le soleil jusqu'à 22 heures, heure à laquelle le concert a commencé.

P : Quelle expérience... tu ne l'oublieras jamais !

L : Bien sûr que non.

P : J'aime beaucoup de rappeurs américains, Tyga, Travis Scott, Lil Uzi Vert, Gucci Mane. Je peux continuer... J'aime leur style, leurs histoires et j'aime la façon dont chacun d'entre eux raconte un sujet, l'amour ou le succès par exemple, d'une manière différente.

L : Parmi ceux que tu as mentionnés, mon préféré est Gucci Mane. Le fait qu'il soit devenu célèbre après tant d'années de prison est étrange ! Qu'en est-il des artistes mexicains ? Tu ne les as pas mentionnés !

P : Je n'écoute pas beaucoup de musique mexicaine. Plus exactement, je connais les chansons d'aujourd'hui, je connais les artistes et je reconnais leur style mais je ne les aime pas tellement. Je n'arrive pas à les écouter.

L : Je ne suis pas d'accord avec toi, je trouve que Maná est incroyable !

P : C'est un groupe formidable, je ne peux pas le nier, mais je ne peux pas écouter Maná.

L : Au contraire, j'ai grandi avec leurs chansons. Ma mère et mon père les écoutaient quand ils étaient jeunes, quand ils ont commencé à avoir du succès. J'ai assisté à de nombreux concerts ; la meilleure expérience, c'est sans aucun doute celle du concert de León. Puisque tu aimes la musique en général, quand tu veux aller à un concert, dis-le moi et nous irons ensemble !

P : Merci Luis, c'est sûr que nous allons nous revoir dans les prochains mois ! Je pense que je vais aller à un festival de musique pendant les trois derniers jours de mai. Le nom du festival est "Miami Festival", l'année dernière j'y suis allé et c'était génial.

L : Intéressant, quel artiste sera là ?

P : En gros, ils invitent les nouveaux artistes qui n'ont pas énormément de succès, mais si on a de la chance, on peut en voir des plus célèbres !

L : Et quand pourrons-nous acheter les billets ?

P : Les billets seront disponibles en ligne à partir de début mars ! Alors parlons-en dans quelques jours ! Luis, je te souhaite une bonne journée !

L : C'est sûr Paola, toi aussi !

Music

Mexico.

Luis: Paola, even if I first met you months ago, I haven't asked you what is the music you listen to, your favorite singer or your favorite band...

Paola: Luis actually we haven't talked about it, that's strange, we know a lot about each other. The strange thing is that there is no precise answer. I love music in general. But if you have time and you want to listen to me, I can explain everything.

L: I was not expecting such an answer Paola, but of course, I'll listen to you. I am very curious!

P: I would like to start by saying that the only music genre that I don't like at all is *heavy metal*. I think that type of music is a mess, I cannot appreciate it. What I like is the text of a song, how can I do it with heavy metal songs if I can't understand a word of what they are saying?!

L: You are right... I don't like it either.

P: A genre that I like is rock. I don't know the most famous rock compilations but I do know the most famous songs!

L: give me an example Paola, let's see if I agree with you.

P: For example *Smell like teen spirit* by Nirvana, or *Satisfaction* by the Rolling Stones or *Sweet child O' Mine* by Guns N' Roses.

L: Of course I agree with you. These are songs from the 70s and 80s and even after 50 years, young people are still listening to these songs and they are transmitted by the radio.

P: True. For sure the group that I listen to the most is Queen. I think every single song they made is fantastic and I live every musician of the group. If I had had the possibility to go to a concert during the 80s, I would have chosen the Queen for sure.

L: I think they are great. Freddy Mercury was a revolutionary person; he was very extravagant and unique. I think it is very difficult to find artists like him today.

P: I think that too. I also listen to American rap.

L: 80s and 90s rap or modern rap?

P: Let's say both, I listen to many modern artists compared to the previous generation.

L: I am asking you because I love Notorious BIG, Tupac and Ice Cube. They have created the basis of the American rap and unfortunately the more time passes the more we lose the tradition.

P: I think it is normal, times change and people change the way they express themselves. I love Tupac's song *All eyez on me*. Not to mention Eminem... he started making music when the careers of the other singers had already started, today he is still making albums and songs that in my opinion are fantastic.

L: Did you know that I am one of the few from Mexico who could get a ticket for his concert in 2017 in New York?

P: You have been so lucky! How was it?

L: Exiting but tiring too. It was mid July and in order to get the seats we spent half afternoon under the sun until 10pm when the concert started.

P: What an experience... you'll never forget it!

L: Of course not.

P: I like so many American rappers, Tyga, Travis Scott, Lil Uzi Vert, Gucci Mane. I can go on... I like their style, their stories and I love the way each of them tells something about a topic, love or success for example, in a different way.

L: Among those you mentioned, my favorite is Gucci Mane. The fact that he has become famous after so many years in prison is strange! What about Mexican artists? You haven't mentioned them!

P: I don't listen to Mexican music a lot. Better said, I know today's songs, I know the artists and I acknowledge their preparation but I don't like them so much. I cannot listen to them.

L: I disagree with you, I think Maná is incredible!

P: For sure it's a great band, I cannot deny it, but I cannot listen to Maná.

L: On the contrary I grew up with their songs. My mom and my dad listened to them when they were young, when they started having success. I went to many concerts; the best experience for sure was the concert in León.

L: Since you like music in general, whenever you want to go to a concert, tell me and we'll go together!

P: Thank you Luis, for sure we will meet in the next months! I think I'll go to a music festival during the last three days of May. The name of the festival is "Miami Festival", last year I went there and it was great.

L: Interesting, which artist will be there?

P: Basically they invite the new artists that are not so successful, but if we are lucky we can see the most famous ones!

L: And when can we buy the tickets?

P: Tickets will be available online starting from the beginning of March! So let's talk in a few days Luis, have a nice day!

L: For sure Paola, you too!

Vocabulary

Écouter = Listen To

Chanteur : Singer

Groupe = Band

Texte = Lyrics

Célèbre = Famous

Je suis d'accord avec toi = I agree with you

Je ne suis pas d'accord avec toi = I disagree with you

Oublie-le = Forget it

Sujet = Topic

Nier = Deny

Honnêtement = Honestly

Ensemble = Together

Chanceux = Lucky

Passionnant = Exciting

Siège = Seat

14. Chez Albert

Berlin, Allemagne

Au téléphone

Maria : Bonjour Albert, comment vas-tu ?

Albert : Bonjour Maria, je vais bien, et toi ?

M : Je vais bien, merci. Je voudrais te demander quelques informations sur l'agence que tu as contactée pour ta nouvelle maison parce que mon mari Luca et moi cherchons une nouvelle maison.

A : Alors, on a choisi l'agence "Notre maison" qui se trouve à Berlin, dans le centre-ville. Tout s'est bien passé avec eux. Les agents immobiliers sont très compétents et l'agence a beaucoup de possibilités à proposer. Des maisons en location, des biens immobiliers à vendre, des appartements et des maisons avec cour...

M : Très bien, je vais écrire le nom de l'agence. As-tu aussi le numéro de téléphone ?

A : Oui, je peux te donner le numéro de Stephan, c'est l'agent immobilier qui nous a aidés, ma femme et moi, son numéro direct est le : 3789279954. Tu peux lui dire que je t'ai donné son numéro, il sera content.

M : Super, Albert, merci beaucoup. Alors, as-tu choisi ta future maison ?

A : Oui Maria, nous sommes dans la nouvelle maison depuis trois semaines ! Pourquoi ne viendrais-tu pas dîner ici avec ton mari dimanche prochain ?

M : Vraiment ? Cela fait longtemps que je ne t'ai pas vu. Je suis tellement heureuse pour vous. Merci pour ton invitation Albert, c'est sûr que nous viendrons ! Que penses-tu d'un dîner à base de poisson ?

A : Super ! Nous penserons au poisson frais et vous vous occuperez du vin et du dessert !

M : Fantastique ! A dimanche ! Merci encore et donne le bonjour à ta femme de ma part.

A : Bien sûr, et toi, dis bonjour à Luca de ma part. A dimanche !

M : Une dernière chose Albert... quelle est ta nouvelle adresse ?

A : Mon adresse est : Park Street, 3. C'est une villa individuelle, tu ne peux pas la manquer.

M : Super, merci Albert.

Le dimanche, chez Albert

A : Bonsoir les amis, comment allez-vous ?

M : Bonsoir ! Nous sommes très curieux de voir votre maison !

A : Venez, je vais vous montrer toutes les pièces. Mais d'abord, le jardin, il n'est pas très grand mais nous avons tout ce dont nous avons besoin. Une table en bois avec quatre chaises et la niche pour notre chien Polly de ce côté. De l'autre côté du jardin, nous avons un hamac à l'ombre si on veut se détendre en lisant un livre ou si on veut se reposer, un parasol de jardin et deux chaises longues pour les bains de soleil en été.

M : Et que pensez-vous d'une piscine, avez-vous déjà pensé à cette possibilité ? Ce serait parfait au centre du jardin.

A : Je pense que nous en achèterons une à la fin du mois de mai. Elle ne sera certainement pas très grande et nous choisirons une piscine qui pourra être montée et démontée facilement à la fin de la saison.

M : Super ! J'adore ce coin avec le hamac.

A : Pour l'instant, c'est notre endroit préféré ! Quand je veux me détendre, je m'assois là, j'écoute de la musique et je me sens merveilleusement bien ! Continuons à l'intérieur. Si nous entrons par cette porte, nous sommes dans la cuisine, comme vous pouvez le voir. Nous avons choisi une table haute pour deux personnes ; nous l'utiliserons pour le petit déjeuner ! Et la table où nous déjeunerons et dînerons se trouve dans la pièce à côté, derrière le canapé.

Sara (la femme d'Albert) : Nous avons choisi cette table haute pour le petit-déjeuner parce que normalement nous ne sommes que deux. La table dans le living room est pour dix personnes et nous pouvons l'utiliser quand nous avons des invités.

M : C'est une bonne décision. J'adore cette table haute dans la cuisine ! Elle est utile et c'est le meilleur choix pour prendre un café ou un en-cas.

A : Continuons, je vais vous montrer le salon. Nous avons mis cette grande bibliothèque au mur parce que nous l'aimons beaucoup ! La couleur gris foncé s'accorde parfaitement avec le canapé et les couleurs de la maison en général. Et nous avons tellement de livres, nous ne voulions pas les jeter. Les livres sont importants pour moi, j'ai toujours les livres de mes parents, les livres du lycée, de l'université et ceux de Sara aussi...

M : Tu as raison ! Mais, c'est sûr que ce sera très ennuyeux quand il faudra enlever la poussière, ça prendra une journée !

A : ahahahah tu as raison !

S : Au fait, au premier étage, nous avons une salle de bain, une chambre et un petit placard de rangement. La salle de bain est très simple, nous aimons la couleur aigue-marine ! Et nous allons transformer la chambre en une petite salle de gym. Nous avons le Walking Pad, un vélo de course, des poids et un sac de frappe.

Luca- le mari de Maria : Tu fais toujours de la boxe, Albert ?

A : Avant d'emménager ici, je m'entraînais dans ma salle de gym habituelle, mais maintenant que je peux le faire dans ma propre maison, c'est mieux. Tu sais, je ne pouvais aller à la salle de sport que le mardi et le jeudi soir, de 20 heures à 21 heures 30, mais à la maison, je peux décider quand je peux m'entraîner.

L : J'imagine ! Si tu veux qu'on s'entraîne ensemble, appelez-moi, tu sais que je serai ravi de me joindre à toi !

A : Bien sûr. Allons à l'étage, il y a un autre étage aussi, plus le grenier. Ici, au deuxième étage, nous avons une autre salle de bain, un peu plus grande que celle du premier étage. Nous avons choisi de nouveau la couleur aigue-marine parce que nous pensons qu'elle est parfaite pour la salle de bains.

L : Vous avez une énorme baignoire ! C'est un jacuzzi ?

A : Oui, mais nous ne l'avons pas encore essayé, car nous ne savons pas comment il fonctionne !

S : Oui, nous devrions appeler mon frère pour comprendre comment ça marche, vous savez, il peut tout réparer !

A : Bien sûr, nous le ferons. C'est notre chambre, entrez s'il vous plaît.

M : C'est très joli ! Le dressing est un rêve. Tout est organisé et les vêtements de Sara et les vôtres n'auront pas une ride ! Vous avez fait le bon choix.

A : Le seul problème, c'est que plus de la moitié de l'armoire de plain-pied appartient à Sarah. La plupart des étagères sont pleines de ses accessoires : elle a tant de sacs, de chapeaux, de ceintures et de chaussures !

S : N'exagère pas Albert, tu as aussi tellement de chaussures, celles que tu utilises au travail, des baskets, des chaussures d'été, des sandales...

M : Puis-je vous demander où vous avez acheté ce lustre ? Je l'aime beaucoup et pour notre future maison, j'aimerais en avoir un semblable à celui-ci, qu'en penses-tu Luca ?

L : Tu as parfaitement raison, c'est génial !

R : Nous avons acheté tous les lustres au magasin "Plus que de l'éclairage" à Lecco. Ils sont de toutes sortes : différents styles, bon marché et chers. Nos lustres sont assez bon marché.

M : Merci pour l'information !

A : Nous avons deux autres pièces. Dans l'une d'elles, nous resterons vides, peut-être y mettrons-nous de vieux meubles dont nous n'avons pas besoin pour l'instant. L'autre pièce sera notre studio. Comme vous pouvez le voir, nous avons mis un grand bureau au milieu, d'un côté je vais travailler, de l'autre côté Sara peut aussi travailler. Et ici, nous avons mis un petit meuble où nous pouvons mettre nos documents et les livres dont nous avons besoin quand nous travaillons à la maison.

S : Continuons avec le grenier. Comme vous pouvez le voir, c'est un espace ouvert. Nous avons décidé de mettre une chambre double sur la droite ; elle sera utile si nous avons des invités. Sur la gauche, nous souhaiterions installer une petite cuisine, mais elle doit encore être livrée. Je pense que nous utiliserons le grenier en été parce qu'il fait vraiment frais ici et pendant le week-end où nous avons plus de temps libre, ce sera parfait pour nous !

L : Très bien les gars, votre maison est magnifique ! J'ai vraiment apprécié chaque coin de la maison !

M : Mais maintenant, c'est l'heure du dîner, allons cuisiner !

A : Oui, j'ai vraiment faim ! Nous avons acheté un demi kilo de saumon, un demi kilo de thon et un demi kilo de bar ! Pensez-vous que cela suffise?

L : Bien sûr, nous ne sommes que quatre personnes !

S : Juste quatre, mais d'habitude, vous mangez le double !

L : Vous avez raison, c'était une bonne idée d'acheter tout ça !

S : Et j'ai préparé des courgettes et des aubergines en entrée, une salade mixte avec des olives et du fromage en accompagnement.

M : Nous avons apporté deux bouteilles de vin, l'une est plate et l'autre pétillante. Pour le dessert, j'ai fait du tiramisu et nous avons acheté deux portions individuelles de dessert à notre boulangerie préférée, située à côté de notre maison.

A : Wow, tant de choses délicieuses ! Voulez-vous que le poisson soit cuit au four ou préférez-vous qu'il soit grillé ?

L : Je pense qu'il sera parfait au four, il sera prêt dans une demi-heure, n'est-ce pas ?

S : Normalement, je le laisse cuire au four pendant 25 minutes. Peut-être que nous ajouterons le saumon plus tard parce qu'il n'a pas besoin de 25 minutes. Albert, le poisson est-il prêt ?

R : Oui, je leur ai demandé de le nettoyer.

S : C'est super ! Alors je vais le mettre au four.

L : Bien, alors commençons par l'entrée !

M : Allons manger !

At Albert's house

Berlin, Germany
On the phone

Maria: Hello Albert, how are you?
Albert: Hello Maria, I'm fine, and you?

M: I'm fine thanks. I would like to ask you some information about the agency you have contacted for your new house because my husband Luca and I are looking for a new house.

A: So Maria, we have chosen the agency "Our house" that is in Berlin, in the city center. Everything went well with them. The real estate agents are very competent and the agency has so many options for you. Rented houses, real estates for sale, apartments and courtyard houses...

M: Very good, I'll write down the name of the agency. Do you also have the phone number?

A: Yes, I can give you Stephan's number, he is the real state agent that helped my wife and me, it is 3789279954. You can tell him that I gave you his number, he will be happy.

M: Great Albert, thank you so much. So have you chosen your future house?

A: Yes Maria, we have been in the new house for three weeks! Why don't you come here for dinner with your husband next Sunday?

M: Really? It's been a long time since I last met you. I am so happy for you guys. Thank you for your invitation Albert, for sure we'll come! What do you think about a fish dinner?

A: Great! We'll think about the fresh fish and you'll take care of the wine and the dessert!

M: Fantastic! See you on Sunday! Thank you again and say hello to your wife from me.

A: Sure, and you say hello to Luca from me. See you on Sunday!

M: One last thing Albert... what's your address?

A: My address is: Park Street, 3. It is a single villa, you can't miss it.

M: Great, thank you Albert.

On Sunday, at Albert's house

A: Good evening guys, how are you?

M: Hello guys! We are very curious to see your house!

A: Let' go check it out, I'll show you every room. But first, the garden, it is not very big but we have everything we need. A wooden table with four chairs and the doghouse for our dog Polly on this side. On the other side of the garden we have a hammock in the shade if we want to relax while reading a book or if we want to rest, a garden parasol and two sun beds if we want to sunbathe in the summer.

M: And what do you think about a swimming pool, have you ever thought about this possibility? It will be perfect in the center of the garden.

A: I think at the end of May we'll buy one. For sure it won't be very big and we will choose one that can be assembled and dismantled easily at the end of the season.

M: Great! I love that corner with the hammock.

A; For now it's our favorite spot! When I want to relax, I sit there, I listen to some music and I feel wonderful! Let's continue inside. If we go inside from this door we are in the kitchen as you can see. We have chosen a high-top table for two people; we will use it for breakfast! And the table where we'll have lunch and dinner is in the room, behind the couch.

Sara (Albert's wife): We have chosen this high-top table for breakfast because normally we are just two. While the table in the room is for ten people and we can use it when we have guests.

M: It is a good decision. I love this high-top table in the kitchen! It's useful and the best choice to have a coffee or a snack.

A: Let's continue, I'll show you the living room. We have put this big library on the wall because we loved it! The dark grey color matches the couch perfectly and the colors of the house in general. And we have so many books; we didn't want to throw them away. Books are important to me, I still have my parents' books, books from high school, university and Sara too...

M: You are right! For sure it will be very boring when you have to remove dust, it will take a day!

A: ahahahah you are right!

S: By the way, on the first floor we have a bathroom, one room and a small storage closet. The bathroom is very simple, we love aquamarine color! While we'll transform the room in a small gym. We have the Walking Pad the spinning bike, weights and a punching bag.

Luca- Maria's husband: Are you still doing boxing, Albert?

A: Before moving in here, I used to train in my usual gym, but now that I can do it in my own house it's better. You know, I could go to the gym only on Tuesday and on Thursday evening, from 8pm till 9.30pm, instead at home I can decide when I can train.

L: I can imagine! When you want to train together call me, you know I'll be happy to join you!

A: Sure. Let's go upstairs, there is another floor too, the attic. Here on the second floor we have another bathroom, a little bit bigger compared to the bathroom on the first floor. We have chosen the aquamarine color again because we think it is perfect for the bathroom.

L: You have a huge bathtub! Is it a Jacuzzi?

A: Yes it is, but we haven't tried it yet, because we don't know how it works!

S: Yes, we should call my brother to understand the way it works, you know, he can fix anything!

A: Sure, we'll do. This is our bedroom, please come inside.

M: It's lovely! The walk-in closet is a dream. Everything is organized and Sara's clothes and yours won't have a wrinkle! You have made the right choice.

A: The only problem is that more than half walk-in cabinet belongs to Sara. Most shelves are full of her accessories: she has got so many bags, hats, belts and shoes!

S: Do not exaggerate Albert, you have so many shoes too, the shoes you use at work, sneakers, summer shoes, sandals...

M: Can I ask you where did you buy this chandelier? I really love it and for our future house I would like one similar to this one, what do you think Luca?

L: You are perfectly right, it's great!

A: We bought all chandeliers at the shop "More than lighting" in Lecco. They have so many types: different styles, cheap and expensive. Our chandeliers are pretty cheap.

M: Thank you for the information!

A: We have other two rooms. One we'll remain empty, maybe we'll put there some old furniture that we don't need right now. The other room will be our studio. As you can see, we have put a big desk in the middle, on one side I'll work, on the other side Sara can work too. And here we have put a small piece of furniture where we can put our documents and the books we need when we work from home.

S: Let's continue with the attic. As you can see it is an open space. We have decided to put a double room on the right; it will be useful if we have guests. On the left we have decided to put a small kitchen, but it still has to be delivered. I think we'll use the attic in the summer because it is really cool here and during the weekend when we have more freetime, it will be perfect for us!

L: Very good guys, your house is beautiful! I have really enjoyed every single corner of it!

M: But now it's dinner time, let's go cooking!

A: Yes, I am really hungry! We have bought half kilo of salmon, half kilo of tuna and half kilo of sea bass! Do you think it is enough?

L: Sure, we are just four people!

S: Just four, but usually you guys, you eat the double!

L: You are right, it was a good idea to buy it all!

S: And I have cooked zucchini and eggplant as a starter, a mixed salad with olives and cheese as a side dish.

M: We have brought two bottles of wine, one is still and one is sparkling. For dessert, I have made tiramisu and we bought two single portions of dessert from our favorite bakery next to our house.

A: Wow, so many delicious things! Do you want the fish to be cooked in the oven or do you prefer it grilled?

L: I think it is perfect in the oven, it will be ready in half an hour correct?

S: Supposedly, normally I let it in the oven for 25 minutes. Maybe we'll add the salmon later because it doesn't require 25 minutes. Albert, is the fish clean?

A: Yes, I asked them to clean it.

S: Great! So I'll put it in the oven.

L: Good, so let's start with the starter!

M: Let's eat!

Vocabulary

Chercher = Looking for

Centre-ville = City Center

Agents immobilier = Real Estate Agents

Future = Future

Adresse = Address

Simple/une seule = Single

Jardin = Garden

Bois = Wood

Chaise = Chair

Chien = Dog

Parapluie = Umbrella

Coin = Corner

Cuisine = Kitchen

Gris = Grey

C'est sur ! = For sure

Par terre/sol = Floor

Salle de bain = Bathroom

Interieur = Inside

Exterieur = Outside

Chaussures = Shoes

Sandalles = Sandals

Peu cher = Cheap

cher = Expensive

Vide = Empty

Grenier = Attic

Cuisiner = To cook

Tu as raison = You are right

Bouteille = Bottle

Poisson = Fish

Four = Oven

15. Shopping

Eva : Tu veux faire du shopping ? Viens avec moi au magasin de chaussures, j'aimerais acheter une nouvelle paire de bottes pour cet hiver.

Marianna : D'accord, je viens avec toi. J'ai besoin d'acheter une nouvelle paire de chaussures pour le travail.

E : Quel type de chaussures ?

M : Une paire d'escarpins à talons. Tu sais, je suis retournée récemment travailler dans le bureau où je faisais mon stage de secrétaire.

E : Oui, je me souviens du bureau de cet avocat ; tu y as travaillé pendant quelques mois.

M : C'est ça. Je voudrais acheter aussi une nouvelle paire de lunettes de soleil.

E : Et moi, je voudrais acheter une chemise que je puisse porter pour le mariage d'Antonio et Carla.

M : Je t'emmènerai dans un nouveau magasin, qui vient d'ouvrir et qui se trouve près de chez toi. Je dois aussi changer un pantalon que j'ai acheté là-bas, il ne me va pas, je me suis trompé de taille.

E : Bon, on va d'abord au magasin de chaussures ?

M : Oui, allons-y.

Au magasin de chaussures

E : Bonjour.

Employé (A) : Bonjour, comment puis-je vous aider ?

E : Nous recherchons une paire de bottes et une paire de chaussures à talons.

A : Bien sûr, je suis là pour vous aider. Comment les aimeriez-vous ?

E : Je cherche une paire de bottes à talons bas.

A : D'accord, je vais vous montrer les modèles de la nouvelle collection ; ils sont parfaits pour la saison prochaine. Avez-vous une couleur préférée ?

E : Je pensais à la couleur chameau, mais le noir ou le foncé sera bien. Pouvez-vous me montrer ce que vous avez ?

A : Bien sûr, jetez un coup d'œil. Vous trouverez ici tous les modèles de la nouvelle collection.

E : Bien, avez-vous aussi quelque chose qui est en promotion ?

A : Je dois vérifier car je n'ai que quelques modèles en promotion. Cela dépend de la taille.

E : Je fais un 37.

A : Ok, laissez-moi vérifier. En attendant, vous pouvez regarder les modèles que j'ai ici. Et vous, madame, de quoi avez-vous besoin ?

M : Je cherche une paire de chaussures noires à talons hauts ; je veux qu'elles soient confortables car je les porterai au travail.

A : D'accord. Pour le travail, j'ai juste ces deux modèles. Elles sont souples et confortables même si le talon est légèrement plus haut. Mais même celles-là sont confortables.

M : D'accord, puis-je les essayer ?

A : Bien sûr, quelle taille portez-vous ?

M : du 39.

A : Parfait. Je vous apporte ce modèle et je vérifierai ensuite si j'ai encore des bottes à prix réduit pour madame.

M : Merci.

A : En attendant, veuillez essayer ces bottes, elles sont très confortables.

E : D'accord, elles semblent parfaites.

A : Je vais vérifier dans l'entrepôt quels sont les tailles que j'ai encore, je suis sûr qu'il y a au moins une réduction de 70%.

E : D'accord, merci.

M : Qu'en penses-tu Eva, tu aimes ces chaussures ?

E : Oui, mais je préfère l'autre paire, je pense qu'elles te vont mieux.

M : Je préfère celles-là, je pense qu'elles sont plus confortables.

E : D'accord, alors choisis les plus confortables puisque tu dois les porter au travail.

M : Oui, tu as raison.

A : Voilà, je n'ai que ces bottes dans votre taille. Elles sont en cuir noir et avec des clous.

E : Je les aime bien, puis-je les essayer ?

A : Bien sûr, qu'en pensez-vous ?

E : Très belles. Je vais les prendre, mais je vais aussi acheter les bottes couleur chameau. Je les ai essayées et je les aime bien, elles sont à la mode.

A : Très bien, vous préférez payer en liquide ou par carte de crédit ?

E : Nous préférons la carte de crédit. Merci.

A : Merci également. Voilà, vos sacs avec vos achats. Au revoir !

M : Au revoir !

E : Maintenant, allons changer de pantalon.

M : Tu vas adorer le magasin où je l'ai acheté, je suis sûre que tu trouveras une chemise que tu pourras porter pour ton occasion spéciale.

E : Ok.

M : Entrons, le magasin est juste là.

Magasin de vêtements

E : Tu sais, Marianna, tu avais raison. Dans cette petite boutique, il y a des vêtements et des accessoires raffinés.

M : Tu as remarqué ça aussi ? Je suis sûre que tu trouveras quelque chose à porter pour la cérémonie.

Préposé : Bonjour, puis-je vous aider ?

M : Bonjour. J'ai acheté ce pantalon il y a quelques jours, mais je me suis rendue compte que la taille n'est pas correcte.

A : Voyons voir. Quelle taille avez-vous acheté ?

M : J'ai acheté un 42 mais il est un peu serré, je voudrais une taille plus grande.

A : D'accord, je vais vérifier si j'ai encore un 44. Vous le voulez en bleu ?

M : Oui, je veux juste changer de taille si possible.

A : Ok, attendez une seconde, je vais vérifier.

M : Merci.

A : Je suis désolé mais je n'ai pas de 44 en bleu. Je l'ai en noir, rouge ou vert. Voulez-vous les essayer ?

M : J'ai aimé en bleu mais je dois dire que le vert n'est pas mal. Puis-je l'essayer ?

A : Bien sûr, les cabines sont là-bas sur la droite.

M : Merci.

E : Je suis désolée, j'ai besoin de votre aide. Je cherche un chemisier assorti à une jupe très élégante que j'ai achetée. La jupe est gris foncé, je voudrais donc une chemise de couleur claire.

A : Voyons voir. La préférez-vous classique ?

E : Je la veux élégante. Je la porterai pour une fête de mariage, ce sera un événement très élégant.

A : Bien sûr, vous avez besoin d'un article sophistiqué. Je vais vous montrer ces modèles. Maintenant, vous ne pouvez les voir qu'en blanc mais nous avons aussi d'autres jolis tons clairs.

E : Je la voudrais de couleur crème ou gris perle.

A : D'accord, quelle taille ?

E : Taille moyen.

A : Voilà, ce sont les options. Laquelle préférez-vous ?

E : Je n'aime pas vraiment celle-là, mais j'aime la crème. J'aimerais l'essayer.

A : Bien sûr, essayez-la et dites-moi si elle vous va ou si vous préférez une autre couleur.

E : Merci, je vais aller aux cabines d'essayage.

M : J'ai essayé le pantalon, parfait. Peut-on le changer ?

A : Bien sûr, donnez-moi le reçu.

M : Voilà.

A : D'accord.

M : Merci.

A : Que pensez-vous de la chemise ? Est-ce qu'elle vous plaît, madame ?

E : Oui, je l'adore, combien coûte-t-elle ?

A : 55 euros.

E : D'accord, je l'achète.

A : Super, attendez une seconde pour le reçu.

E : Merci beaucoup, au revoir.

A : Merci, bonne journée.

M : Vous aussi.

E : Viens Marianna, allons dehors.

M : Tu veux un café ?

E : Bien sûr. Allons à la cafétéria du coin. J'ai déjà pris un café, mais je vais prendre un jus de fruit ou un apéritif.

M : Tu sais, je vais prendre un apéritif aussi. J'ai déjà faim, je prendrai peut-être un café plus tard.

E : Attends ! On a oublié tes lunettes de soleil, allons-y maintenant.

M : Pas de problème, j'irai plus tard. Maintenant, allons prendre un café ou un bon jus d'orange !

Shopping

Eva: Do you want to go shopping? Come with me to the shoe shop, I would like to buy a pair of new boots for this winter.

Marianna: Okay, I'll come with you. I need to buy a new pair of shoes for work.

E: What type of shoes?

M: A pair of pumps with short heels. You know, recently I came back to work, in the office where I was doing my internship as a secretary.

E: Yes, I remember the office of that lawyer; you worked there for a few months.

M: Correct, then I would like to buy a new pair of sunglasses.

E: I would like to buy a shirt that I can wear for Antonio and Carla's wedding.

M: I'll take you to a new shop, they have just opened, and it's close to your house. I also have to change a pair of trousers that I bought there, they don't fit me, I made a mistake with the size.

E: Okay, do we go to the shoe shop first?

M: yes, let's go.

At the shoe shop

E: Good morning.

Attendant: Good morning, how may I help you?

E: We are looking for a pair of boots and a pair of shoes with heels.

A: Sure, I am here to help you. How would you like them?

E: I am looking for a pair of boots with short heels.

A: Okay, I'll show you these models from the new collection; they are perfect for next season. Do you have a color you prefer?

E: I was thinking about camel-colored, but black or a dark will be good. Can you show me what you have at the shop?

A: Sure, take a look. Here you can find all models of the new collection.

E: Good, do you also have something that is discounted?

A: I have to check because, I only have a few discounted. It depends on the number.

E: I wear a 37.

A: Okay, let me check. Meanwhile you can check the models I have here. And you, ma'am, what do you need?

M: I am looking for a pair of black shoes with high heels; I want them to be comfortable because I'll wear them at work.

A: Okay. For work I just have these two models. These are soft and comfortable even if the heel is slightly higher. But even these ones are comfortable.

M: Okay, can I try them on?

A: Sure, what number do you wear?

M: A 39.

A: Perfect. I'll bring you that model and then I'll check if I still have discounted boots for the lady.

M: Thank you.

C: Meanwhile please try these boots on, they are really comfortable.

E: Okay, they seem perfect.

A: Meanwhile I'll check in the warehouse which numbers I still have, I am sure there is a 70% discount.

E: Okay, Thank you.

M: What do you think Eva, do you like these shoes?

E: Yes, but I prefer the other pair, I think they fit you better.

M: Instead I prefer these ones I think they are more comfortable.

E: Okay, so pick the most comfortable ones since you have to wear them at work.

M: Yes, I'll but these.

A: Here you are, I only have these boots in your number. They are in black leather and with studs.

E: I like them, can I try them on?

A: Sure, so what do you think?

E: Beautiful. I'll take them, but I'll also buy the camel-colored boots. I have tried them on and I like them, they are fashionable.

A: Very good, do you prefer to pay cash or with credit card?

E: We prefer credit card. Thanks.

A: Thank you too. Here you are, your bags with your purchase. Goodbye!

M: Goodbye!

E: Now let's go change the trousers.

M: You'll love the shop where I bought them, I am sure you'll find a shirt that you can wear for your special occasion.

E: Okay, let's go inside, the shop is right here.

Clothing store

E: You know, Marianna, you were right. In this small shop there are refined clothes and accessories.

M: Have you noticed that too? I am sure you'll find something to wear for the ceremony.

Attendant: Good morning, may I help you?

M: Good morning. I bought these trousers a few days ago, but I have realized that the size is no correct.

A: Let's see. Which size have you bought?

M: I have bought a 42 but is a little tight, I would like a bigger size.

A: Okay, I'll check if I still have a 44. Do you want them in blue?

M: Yes, I just want to change the size if possible.

A: Okay, wait for a second, I'll go check.

M: Thank you.

A: I am sorry but I don't have a 44 in blue. I have them in black, red or green. Do you want to try them on?

M: I liked them in blue but I have to say that green is not bad. Can I try them on?

A: Sure, the changing room is over there on the right.

M: Thank you.

A: Sure thing.

E: I am sorry, I need your help. I am looking for a blouse to match a very elegant skirt I bought. The skirt is dark grey so I would like a light-colored shirt.

A: Let's see. Do you prefer it classic?

E: I would like it elegant. I'll wear it for a wedding party, it will be a very elegant event.

A: Sure. You need a sophisticated item. I'll show you these models. Now you can only see them in white but we also have other pretty light tones.

E: I would like it cream-colored or pearl grey.

C: Okay, which size?

E: A medium.

A: There you are, these are the options. Which one do you prefer?

E: I don't really like this one, but I love the cream-colored one. I would like to try it on.

A: Sure, please try it on and let me know if it is okay or if you prefer another color.

E: Thank you, I'll go to the changing room.

M: I have tried the trousers, perfect. Can we change them?

A: Sure, please give me the receipt.

M: Here you are.

A: Okay, here you are.

M: Thank you.

A: What do you think about the shirt? Do you like it ma'am?

E: Yes, I love it, how much does it cost?

A: 55 Euros.

E: Okay, I'll buy it.

A: Great, wait one second for the receipt.

E: Thank you very much, goodbye.

A: Thank you, have a nice day.

M: You too.

E: Come on Marianna, let's go outside.

M: Would you like a coffee?

E: Sure. Let's go to the cafeteria on the corner. I have already had a coffee, but I'll have a juice or an aperitif.

M: You know, I'll have an aperitif too. I am already hungry; maybe I'll have a coffee later.

E: Wait! I forgot the sunglasses, let's go now.

M: No problem, I'll go later. Now let's go have a juice and a coffee, or a good orange juice!

Vocabulary

Une paire = Pair

Secrétaire = Secretary

Lunettes de soleil = Sunglasses

Chemise = Shirt

Mariage = Wedding

Pantalon = Trousers

Taille = Size

Bottes = Boots

Collection = Collection

Saison = Season

Noir = Black

Foncé = Dark

Pendant ce temps = Meanwhile

Doux = Soft

Modèle = Model

Cuir = Leather

À la mode = Fashionable

Article = Item

Occasion = Occasion

Vert = Green

Cabine d'essayage = Changing room

Voyons voir = Let's see

Élégant = Elegant

Combien ça coûte ? = How much does it cost?

J'ai mal au ventre   My stomach hurts

J'ai mal à la gorge   My throat is sore

On m'a volé ma montre   My watch has been stolen

MP3 DOWNLOAD
https://acortar.link/nCTav